ULISES R

Ulises Rodríguez Febles was born in Matanzas, Cuba, in 19..
A graduate of the Instituto Superior Pedagógico Juan Marinello
in Spanish and Spanish Literature and of Havana's Instituto
Superior de Arte in Puppetry and Children's Theatre, he is now
a director and researcher at the Centro de Documentación e
Investigaciones de las Artes Escénicas in his home town. His
published and performed works have included *Woven Windows*
(AHS Calendar Award), *Don Juan behind the Wall* (José
Milanés Award, 1996) and *The Restless Head* (José Milanés
Award, 2000). Other works include *Butchery*, *Goodbye Babel*
and *Divine Puppetry*. His plays have been performed in Cuba
by companies including Teatro D'Sur, Icarón, Papalote and
Rita Montaner. His radio play *The Fisherman, Piet Haynd
and the Ghosts* received a special mention at Spain's Margarita
Xirgú International Plays for Radio Award (2001). His plays
for children and puppets have also won national awards,
including the 'One Hundred Plays for Papalote' Award (1998)
for *Cyrano and the Water-Mother* and the Dora Alonso Award
for *The Last Ascension*.

The Concert began life in workshops run in Cuba by the Royal
Court Theatre, before winning the 2004 Virgilio Piñera Award,
the most prestigious playwriting prize in Cuba.

He is a member of the Union of Cuban Writers and Artists.

WILLIAM GREGORY

William Gregory read Spanish and French at Cambridge before
training as an actor in London and Spain. For the Royal Court,
he has translated *Shotgun Dreaming* by Lola Arias (Argentina)
and *Sentimental Education* by Nara Mansur (Cuba). He has also
advised on a number of projects and workshops with playwrights
from all over the Spanish-speaking world. Other translations
include *Springtime*, *Summer* and *Winter* by Julio Escalada
(Spain). *Springtime* premiered at the Finborough Theatre in
2003. He has worked as an actor throughout the UK and Europe.

Other Titles in this Series

Ulises Rodríguez Febles

THE CONCERT
—
EL CONCIERTO

translated into English
by William Gregory

NICK HERN BOOKS
London
www.nickhernbooks.co.uk

A Nick Hern Book

The Concert / El Concierto first published in Great Britain
as a paperback original in 2004 by Nick Hern Books Limited,
14 Larden Road, London W3 7ST in association with
the Royal Court Theatre, London

The Concert / El Concierto
copyright © 2004 Ulises Rodríguez Febles
Translation from the Spanish © 2004 William Gregory
Introduction © 2004 Elyse Dodgson

Ulises Rodríguez Febles and William Gregory have asserted
their right to be identified respectively as the author and translator
of this work

Typeset by Country Setting, Kingsdown, Kent CT14 8ES
Printed and bound in Great Britain by Bookmarque, Croydon, Surrey

A CIP catalogue record for this book is available from
the British Library

ISBN 1 85459 805 8

Introduction

In January 2002 I visited Havana for seven days during Cuban Theatre Week. My programme was designed by the CNAE, Consejo Nacional Artes Escénicas, in consultation with the British Council. I was very excited by the theatre practitioners I met and felt that there was a great energy and interest in plays by emerging writers. It was a real privilege to attend a three-day playwrights' workshop led by the writer Gerardo Fulleda León, which took place at the Sala El Sótano in the Vedado district of Havana. The Royal Court, as one of the most important theatres for new writing in Britain, for the last ten years has developed an international play development programme working with writers in all parts of the world. As a result of this visit, I proposed that the Royal Court could lead a play development project in Cuba to take place in September 2002.

So it was that, on 11 September 2002, the British playwright April De Angelis, director Indhu Rubasingham and I set off on the four-hour journey from Havana to Teatro Escambray travelling with playwrights from the capital and from the west of the country. On the following morning, playwrights from the east of the country would join us, among them Ulises Rodríguez Febles from Matanzas. What followed was ten days of living and working together, which turned out to be one of the most inspiring experiences we have had in our working lives. The purpose of the workshop was to encourage the writers to write a new play about contemporary Cuba. The ideas were original, provocative and highly dramatic, and we were thrilled when Ulises presented an outline of his play about an old Beatles fan who steals the John Lennon statue in a Havana park in order to re-form the rock band of his youth.

After exploring many different aspects of working on the new plays from character to language, from structure to image, each of the writers agreed to develop their ideas into a first draft which was to be delivered to the Royal Court in four months' time. The Royal Court team visited Cuba twice more to work on these plays: in April/May 2003 in collaboration with Teatro Terry in Cienfuegos, and in September/October 2003 in collaboration with Teatro Sauto in Matanzas. As a result of this work, five of the writers visited London in April 2004 as part of the Royal Court International Season, and their plays were given staged readings in London to great audience acclaim.

Before this, in January 2004, I returned to Havana along with the publisher Nick Hern for Cuban Theatre Week. By now ten of the new Cuban plays had been completed, and it was deeply rewarding to see Gerardo Fulleda's premiere production of *The Concert* playing to packed houses at Teatro Sótano. Nick and I were to take part in the Awards Ceremony on 22 January, Cuban Theatre Day, when, as well as the prestigious Virgilio Piñera Award for the Most Outstanding Cuban Play, a new prize was to be awarded jointly by the Royal Court and Nick Hern Books to the best new Cuban play from an unpublished writer under the age of 35. We were all surprised and delighted when both prizes went to Ulises Rodríguez Febles for *The Concert*.

This is only the beginning of a collaboration between the Royal Court and contemporary Cuban playwrights, but in two years many outstanding plays have been written, and both our theatres have been greatly enriched.

Elyse Dodgson
Head of International Department
Royal Court Theatre, June 2004

Acknowledgements

This project could not have happened without the continued support of everyone at the CNAE in Havana, the British Council and the Genesis Foundation. We owe a debt to literally dozens of Cuban theatre practitioners who have welcomed us to their theatres and contributed so generously to the development of the new plays. A special thanks to Jorge Brooks, Pedro Morales, and Rafael Pérez Malo, who helped to co-ordinate the workshops and to Carlos Johnson Mayeta and Ileana Valdés, our tireless interpreters. And finally to all the ten writers who have seen this project through: Evelyn Gómez Hernández, Omar Lorenzo, Nara Mansur, Oliver de Jesús Hernández Jiménez, Bárbara Nieves Acosta, Lilian Susel Zaldivar de los Reyes, Ulises Rodríguez Febles, Norge Espinosa Mendoza, Miguel Santiesteban Domínguez and Cheddy Mendizábel Álvarez.

Elyse Dodgson

The Concert was first performed in English as a rehearsed reading in the CUBA REAL week in the International Playwrights season at the Royal Court Theatre Upstairs, London, on 30 March 2004. The cast was as follows:

JOHNNY	Allan Corduner
OLD WOMAN / NURSE	Zita Sattar
MOTHER	Cherry Morris
WIFE / MACHUCHA	Mossie Smith
THE BUTCHER	Trevor Cooper
FATHER-IN-LAW / THE LEADER	Ewan Hooper
FATHER	Roddy Maude-Roxby
THE SCORPION	Alan Williams
YOUNG MAN	Jimmy Akingbola

Director   Indhu Rubasingham

The Concert was first performed in Spanish by Compañía Rita Montaner at the Sala El Sótano, Havana, Cuba, on 17 January 2004, directed by Gerardo Fulleda León.

THE CONCERT

Ulises Rodríguez Febles

translated into English by
William Gregory

For my parents
José and Isabel

For my children

For Yaneli

For all my family

For my teachers and fellow students
of the Royal Court workshop

Characters

JOHNNY
OLD WOMAN
MOTHER
WIFE
BUTCHER
FATHER-IN-LAW
FATHER
MACHUCHA
NURSE
THE LEADER
THE SCORPION
YOUNG MAN
A DOG

LENNON

In a park in Vedado, Havana, there is a statue of John Lennon by the sculptor, José Villa. He sits on a bench, staring eternally at the horizon.

Place
Cuba. It may seem at times to be somewhere else in the world, and in the end, in many ways, it is . . .

Time
The year 2000.

Scene One – The Fan

Night-time. John Lennon's park in Havana. The statue of
LENNON *sits on a bench, gazing into the distance. An* OLD
WOMAN *sleeps in a corner on some sheets of newspaper.*
A man of about fifty, JOHNNY, *approaches the statue. He*
observes it with admiration . . .

JOHNNY. John . . . ! John Lennon! You're here at last! I never
thought I'd see you so close. Smell you. (*Pause.*) Gimme
a hug, man. You don't know how long I've waited for this
moment. Oh, if The Crusaders could see you now! Well,
I'm sure they have seen you, wherever they are. We were
a group of young guys, see, and we sang your songs, John.
For us, it was like The Beatles themselves were right here
in Cuba. That's what we believed, anyway. You and me are
gonna be good friends, man. We already are. My name's
Johnny and I know all about you, mate. You were born on
the ninth of October 1940, in Liverpool. Tell me: am I right
or not? The day the Germans came and bombed the place.
Your first gig at The Cavern was in 1961. I know what date
all your records came out, and what day and time all your
films were released. I know all your lyrics. And all your
famous lines. I love: 'We're more popular than Jesus
Christ.' You kicked up an almighty stink, John! But the one
I like best is: 'Those in the cheaper seats clap. The rest of
you rattle your jewellery.' Man, that one's something else!
What a drag that you guys split up, John. I know you had
your fallings-out, mate, of course you did. And you had to
express yourself, John Ono Lennon. (*Pause.*) When they
shot you, though, that was the worst.

Pause. Four sharp, symbolic shots are heard . . .

Oh, but a guy like you never dies. A guy like you will live
forever. It was the other guy that died. The bastard who
killed you. Man, you can't imagine how much I cried. And
the other guys must have cried, too, wherever they were.
I shut myself away and cried my eyes out; it was like my
own brother had died. So much for a Beatles reunion!
(*Sings 'Lucy in the Sky with Diamonds'.*)

OLD WOMAN (*wakes up*). Hey, you! Shut it; you're keeping
me awake . . . Eh? Think a woman doesn't have to work,
eh? Do you? Eh? (*Lies back down.*)

JOHNNY. Christ, I've got company! (*Pause. To* LENNON.)
Listen; I've got something to tell you. I came to pick you up
before they give you that concert they're preparing. Don't
freak out, John. I just want you to check out my garage, see.
Don't tell me you're not coming, man. It's decked out like
The Cavern and it's an honour for me to take you there. To
my pad, to my own world! It means a lot to me, John,
because once you've seen the garage, I want to get The
Crusaders back together. If they want to see me, that is.
I just want The Crusaders to be the first ones to pay tribute
to you, see. It's just that we always said that if The Beatles
ever came to Cuba, we'd go and sing to them; and now
you've come and no one's remembered us. That's why
you're coming with me, to Cuba's very own Cavern Club.
Wouldn't it be great to get up from there? That's it, John.
You said it. I knew you'd say yes, man. (*Long pause.*)
Right, off we go, then . . .

Tries to pick him up but an alarm sounds immediately. The
OLD WOMAN *wakes up again.*

OLD WOMAN. Eh? What? What's going on? Oh, you again.
What are you playing at? Trying to steal that statue? Are
you mad? Who do you think you are, harassing a foreign
guest like that, when they're all going to sing to him and
give him flowers and light candles for him? You're out of
your mind! Just let him be . . .

JOHNNY *does not know what to do. He removes his jacket
and covers* LENNON *with it. The alarm stops. He picks
up the statue. He goes to exit, and as he does so,* LENNON's
glasses fall off. JOHNNY *goes to pick them up, but the
lights come on in the nearby buildings, taking* JOHNNY *by
surprise. He goes to exit . . .*

(*Shouts.*) Hurry up, run! Someone's stealing that statue, the
musician . . .

JOHNNY. Quiet . . .

JOHNNY *disappears into the darkness. The* OLD WOMAN
*sees the glasses, picks them up and hides them contentedly
about her person. The sounds and lights of a police patrol
circulate as the* OLD WOMAN *speaks.*

OLD WOMAN (*stunned*). Which way did he go? I don't know. Oh, yes, that way . . . That way? Yes, that way. What did he look like? I don't know. I can't hardly see. I'm blind. My eyes; can't you see? No, no, I don't know how he got away either. How should I know? He must have got away somehow . . . Of course! Eh? Speak up; I'm deaf as well. Deaf! The what? Oh, no . . . What's that? Er . . .

The lights go out completely. All of the lights.

Scene Two – The Visit

The Garage; The Cavern. LENNON *sits at a table with a plate of sushi and a pair of chopsticks. On one wall is a photograph of the four Beatles.*

JOHNNY. What do you reckon, then, John? Tell me, is it like The Cavern or not? There you go, John, you said so yourself! I'm over the moon now, mate. All I wanted was to hear it from one of you, see. I wrote letters to George, to Paul, to Ringo, but they never replied. I know, they're busy, of course they are. They've got businesses to run. (*Looks in a folder. Takes out some photos of The Beatles.*) Check this out: I've got pictures of you all, see. (*Opens another drawer.*) And records. One of the other Crusaders brought me them, one who used to go out to sea. The Sailor! He was the one who taught me how to listen to them properly. (*Shows him the records.*) Sure, John, it's your music but we hid them in record sleeves from Cuban orchestras, see, so no one would find us out. Then one day, out of the blue, they searched me at college. They smashed them up on me, man. Smashed them into pieces. I wish I could forget. (*Long pause.*) Don't let it get you down, John; the main thing is that you're pleased to be here. Something special for a guest like you. Hey, John, if you want Cuban food, say the word, mate, and I'll go and get you some right now. Got everything you need, then? Great! (*Pause.*) Oh, if The Crusaders could see you now, sat there, chatting away to me, maybe they'll dig my idea for singing again. And if you ask them to yourself . . . The Crusaders singing together with John Lennon in The Cavern Club. It'll be a dream come true!

A knock at the door.

Who is it?

MOTHER. Open up . . .

JOHNNY (*to his* MOTHER). I'm busy . . .

MOTHER. You're always busy with some nonsense. I said open up, Manuel.

JOHNNY. Please, Mum, don't interrupt me. I'm listening to music . . .

MOTHER. I want to talk with you this minute. Open up . . .

JOHNNY *disguises* LENNON *and hides him behind his Beatles memorabilia. Opens the door. His* MOTHER *enters.*

Have you heard? Everybody's talking about it. Somebody stole that John Lennon they put in the park in Havana. And one week before that concert they were going to give him! You know! (*Pause.*) Are you not going to say anything? Say something. And now the police are going after the fans of those good-for-nothings. Don't you look at me like that; they're good-for-nothings even if everybody's saying now that they're the greatest on God's earth and putting up statues to them in that park. Well anyway, that's what they were saying. Or have you already forgotten why they threw you out of college? Do you remember or not? Have you nothing to say for yourself? (*Scrutinising the sushi and chopsticks.*) You were back very late last night . . .

JOHNNY. I went looking for soapboxes.

MOTHER. Soap?! There's another thing. One of these days they'll find those boxes of stolen soap in this house, and . . . (*About The Beatles.*) . . . Even this four'll end up behind bars.

JOHNNY. But I have to take it, Mum; we all live off that soap in this house.

MOTHER (*very long pause. Scans the garage*). I know you, Manuel.

JOHNNY. Don't call me Manuel.

MOTHER (*picks up the plate of sushi and shakes it at* JOHNNY). Are you certain it wasn't you? Look, son, this is a problem and a half. People are saying that the English are up in arms. And the government. And the rock fans . . . Answer me, Manuel.

JOHNNY. Why are you calling me Manuel today?

MOTHER. I said: answer me. I saw you come in. And they weren't boxes of soap, Manuel.

JOHNNY. You saw me? And the Old Man? Did he see me?

MOTHER. Was it John Lennon that you brought home last night? Answer me.

JOHNNY *is silent.*

I'm certain it was him. (*Pause.*) Where is that pervert?

JOHNNY. Don't insult John.

MOTHER. I saw that record sleeve. They were naked, the pair of them. Chinky and Four-Eyes. (*Searches the room. Finds LENNON. Stunned.*) Lennon . . . ! John Lennon! I knew it! I knew it was you. I knew I'd find John Lennon in my house! Why does this have to happen to me? What harm have I ever done to the world? (*Pause. Change.*) His glasses. Where are John Lennon's glasses?

JOHNNY. Don't know. Looks like I dropped them.

MOTHER. Dropped them? Where? You must know. Are you certain nobody saw you?

JOHNNY. Some old girl kipping in the park. Then all the houses lit up and . . .

MOTHER. Oh, Good Lord! Why is my son so strange? What punishment is this? The fingerprints on the glasses will lead them to you, Manuel; that, and whatever that woman tells them.

JOHNNY. I just wanted Lennon to see the Cavern.

MOTHER. And has he seen it? Has he . . . ? (JOHNNY *nods.*) Have you, John? Have you seen it? Right then, be off with you . . .

JOHNNY. Now I want to get The Crusaders back together.

MOTHER. The Crusaders? Those other young nutcases? Well, they must be old ones by now . . . But if they . . . You haven't seen them for such a long time. Only the Leader, and not even . . . But the others? Whatever became of them?

JOHNNY. I managed to find out where the Zombie's living.

MOTHER. You shouldn't go seeing the Zombie, Manuel.

JOHNNY. I'll find them all and we'll sing together for John.

MOTHER. What?! What did you say? You can't play music in my house. People will hear. Noise carries, Manuel.

JOHNNY. We made a pact, see. We said that if a Beatle ever came to Havana, we'd go and sing to him.

MOTHER. That was a long time ago. I've already put up with enough. For years I've hoped you'd make something of yourself and all you've done is live obsessed with these four madmen . . .

JOHNNY. Poets, miracle-workers.

MOTHER. Marijuana smokers, exhibitionists . . . (*Pause.*) Take him out of this house this minute.

JOHNNY. This isn't your house. It's my garage. My pad.

MOTHER. But it's part of my house.

JOHNNY. You both gave me this place, so I could live here in my own world. I bring whoever I like here.

MOTHER. Everything in life has its limits, Manuel. I'll have to tell your father. He has to know about this. About your latest act of lunacy. The biggest of the lot.

JOHNNY. No, not the Old Man. Promise me. He'll go up the wall if he finds out John Lennon's here! You know what he's like. I'll put him back on his bench in the park, Mum. We've made a deal, me and John. It's just like we've been out for a stroll together, see, like two old friends. You can't do this to me. John agrees with me. Tell her, man. Go on . . . There! You heard him, Mum. He wants to stay. Look, I'll make sure no one finds out. I promise. You have to understand what a big deal this is for me, Mum. Singing again, all together. Singing to John Lennon. For him to hear us, Mum.

MOTHER. And will they want to? Will the other Crusaders want to relive the past, Manuel?

JOHNNY. The others?!

MOTHER. Have you thought of that, Manuel? Have you forgotten what happened between you? Have you forgotten, son? And even if they did want to, do you think they'd risk singing to a stolen statue? Risk going to prison, Manuel? Really, what were you thinking? Will you never change? Do you not remember what happened to your life because of John Lennon; to their lives?

JOHNNY. I don't care about any of that. I'm gonna reunite the band. You just have to promise me you won't say anything to the Old Man. Promise me, Mother. Be nice to John. He has to feel at home here. This is the most important guest you've ever had. Promise? Go on; what do you say . . . ?

Scene Three – The Butcher

A counter. Joints of pork hang from hooks in the roof.
JOHNNY *stands before a* WIFE *who wears a bloodstained apron and cuts up chunks of meat . . .*

WIFE (*as she chops the meat*). Come on in, love. After a bit of beef? Leg of pork? Snap it up; it's on offer. We're just about to close. Not want any? Sure?

JOHNNY. I'm looking for the Zombie.

WIFE. For who?! The Zombie? No, no, there's no Zombie living here.

JOHNNY. His real name's Juan Alberto. I was told he lived round here. Is this Calle Materia?

WIFE. That's my husband, the Butcher. His name isn't Zombie. And you want to see him?

JOHNNY. We're . . . Friends.

WIFE. Friends?! Well, pardon me, but I know all of the Butcher's friends and I've never seen you before. (*Pause. Shouts.*) Juan Alberto! There's some hippy out here says he's a friend of yours. Juan Alberto, do you hear? (*To* JOHNNY.) You picked a bad time to come. They're killing a pig. Father won't be best pleased.

BUTCHER (*enters with a knife in his hand and wearing a bloodied apron*). What is it, Mary Carmen? I'm in the middle of slaughtering that pig, can't you see? I told you I don't want you calling me for anything . . . You know what the Old Man gets like.

JOHNNY (*to the* BUTCHER). Recognise me?

BUTCHER. You? You look like . . . No, it can't be. It's been such a long, but it must be . . . Christ! (*Pause as he turns to his* WIFE.) Go inside, Mary Carmen.

WIFE. But, Juan Alberto, what if there's a customer . . . ?

BUTCHER *gestures forcefully to his* WIFE, *who goes inside but loiters in the doorway.*

BUTCHER. What are you doing here?

JOHNNY. I want to talk to the Zombie.

BUTCHER. Don't call me Zombie. I buried that name a long time ago and you know why . . . I'm the Butcher and I've nothing to say to you.

JOHNNY (*pause*). Remember The Crusaders?

WIFE. What's this man talking about, Butcher?

BUTCHER. I told you to go inside . . .

WIFE *pretends to go inside, but stands watching from a distance.*

(*To* JOHNNY.) The Crusaders? What do I care now about The Crusaders . . . ?

JOHNNY. I've still got some of the instruments, Zombie.

BUTCHER (*change. Surprised*). Still?!

JOHNNY. Still . . . The ones they didn't smash up . . . I pulled them out of the dustbin. (*Pause.*) We used to do gigs at birthday parties. We drove them all wild! The crowd used to lift us onto their shoulders and carry us all around the neighbourhood. We sang Beatles songs when people had hardly heard of them. You earned your first ever money playing their music.

WIFE (*curious, she approaches the door*). A musician, you? You never told me about this.

JOHNNY. He played bass with prodigious hands. Your solos were something else, man.

BUTCHER. That was then.

FATHER-IN-LAW *enters wearing an apron and carrying a knife covered in blood.*

FATHER-IN-LAW. Butcher, what's keeping you? That pig's going cold.

BUTCHER. I'm seeing to a . . . Friend.

FATHER-IN-LAW. This is a friend of yours, is it?

WIFE. I didn't know Juan Alberto had been an artist. He never told me about it. Did you know, Father?

FATHER-IN-LAW. An artist?! An artist, you? When was this? (*Glances at* JOHNNY.) Watch out, you know what they say about artists . . . (*Pause.*) I'm waiting, Butcher. Don't hang about. (*Exits, sharpening the knife.*)

JOHNNY. I came because I want to reunite The Crusaders.

BUTCHER. Reunite the . . . ? After what happened? After all this time? Why, Johnny?

JOHNNY. To sing again.

BUTCHER. You shouldn't be suggesting that to me, Johnny. At least not to me. I don't know about the others. You all forgot about me. I saw the Leader in the street and he just blanked me. I don't know if it was because he always thought he was better than the rest of us or because he felt guilty. And you, only now do you turn up to see me, after all this time. Anyway, we're all old men now. I don't remember how to play bass. The only thing I know is cutting meat. I spend all day chopping it up. I've even forgotten Economics. The only use it's been to me is for counting up the pesos I earn selling the stuff. What can you do?! I couldn't keep the house going with Economics and the father-in-law always had to help me get to the end of the month. It's an embarrassment, Johnny; I've got a degree. But I had no choice. Just looks like nothing turns out how you'd like it to. Look at my fingers, Johnny, my hands. Think they can play? Look at them, Johnny.

JOHNNY. But with a positive attitude, Zombie . . .

WIFE. He doesn't have time to go around playing at musicians.

BUTCHER (*scolding*). Mary Carmen!

WIFE. But it's the truth, Butcher. What time do you get up of a morning? At five, to heat up the water. Every day there's two or three pigs to kill. That's what we live off in this house. What use is music to us? None at all!

JOHNNY. I just want to sing. To sing just once in The Cavern.

BUTCHER. The Cavern?!

JOHNNY. I've made a replica in my garage. You have to check it out, Zombie. It's something else! It's just like being there in Liverpool, with The Beatles there as well. Remember the pact we all made once?

BUTCHER. I don't know. I don't remember anything. I forgot all about it.

JOHNNY. We swore that if The Beatles came to Cuba, we'd go and sing to them. We promised. Remember? And now John Lennon's here in Havana!

BUTCHER. It's a statue; it's not John Lennon. A shitty statue they should never have put there in the first place.

JOHNNY. John Lennon was always gonna come to Havana one day. Take up his place here . . .

BUTCHER. Never! That won't wipe away people's wounds. (*Long pause.*) You know what, Johnny, when that Eladio, the college director, stood there clapping away when they unveiled that statue, I couldn't stand to watch it, it made me so furious; I had to switch the telly off . . . (*Pause. Stares at* JOHNNY.) And I can't forget the price I paid for the rest of you.

JOHNNY. We all paid as well, in our own way.

BUTCHER. Don't make me laugh, Johnny. You know that all you daddy's-little-boys were saved from going to the place where they took me.

JOHNNY. We all dealt with it as best we could.

BUTCHER. But I was the one that got screwed. And you know full well.

FATHER-IN-LAW (*appears at the door and shouts*). Butcher, get up here to finish this pig off. It's going stiff. I'll not tell you again. (*Pause. Stares at him.*)

WIFE. Come on, Butcher, leave this man alone; Father'll get annoyed. And then we need to talk . . .

BUTCHER (*shouts: indecisive, annoyed, confused*). Coming . . .

JOHNNY. But think of what great times we had, Zombie. We could relive them, just for one night. It could be on Saturday. What do you say . . . ?

WIFE. He's said no, hasn't he? Well, drop it and be off . . .

BUTCHER. Mary Carmen! (*Pause. To* JOHNNY.) Off to another concert so you can screw everything up like you did before.

JOHNNY. I just felt something deep inside, Zombie, that's all. An impulse . . . I just had to express myself, to shout out loud . . .

BUTCHER. You were . . . (*Gestures to insinuate that* JOHNNY *was on drugs.*) That's what.

JOHNNY. No, no, man.

BUTCHER. Don't talk crap, Johnny . . . (*Sharpens his knife desperately.*)

JOHNNY. That was their excuse for forcing us to split up, and you know it . . .

FATHER-IN-LAW (*appears at the door and shouts*). Butcher, there's still another pig left to kill and look what time it is . . . That one on the table's gone stiff. And we've got to go out again at twelve. And it's a long journey today. Come on; get a move on . . .

BUTCHER (*continues sharpening the knife obsessively*). You heard; I have to work, Johnny.

JOHNNY. Gimme a chance, Zombie.

BUTCHER. Now?

JOHNNY. We can forget what happened. If we just try, man. Let me know what you think. Soon . . .

Gives him a card. The BUTCHER *looks at him. He scrunches up the card with contained rage. Throws it on the floor.*

FATHER-IN-LAW. Come on, Butcher, move your backside. Are you deaf, man? I don't like being interrupted while we're working, you know full well. (*To the* WIFE.) And you, if anyone comes looking for him, tell them he's not here. I've told you a thousand times.

Exits sharpening his knife. The sound of the knife-sharpening comes to the foreground . . .

Scene Four – The Visit

The Cavern.

JOHNNY (*on the telephone*). Ana, please. Yes, Ana. (*To* LENNON.) She's always at her Old Lady's because the Leader's always travelling overseas, see. The Leader was an awesome musician. The hippest of the bunch, John. He won't leave me in the lurch like the Butcher. (*On the telephone.*) Is that Ana? Ana lives abroad? Really? She

stayed in Paris? And the Leader, too . . . ? No?! He's here?
They fell out? But why did they . . . ? How? What?! I can't
hear a thing. You keep cutting out. Speak up; I can't hear you
properly. I said speak up! Shit! (*Hangs up. To* LENNON.)
Looks like a crossed line, John. Weird. Never mind, John;
at least it looks like the Leader of The Crusaders is at his
mum's house! Anyway, that's what it sounded like . . .

A car horn is heard playing a tune. JOHNNY *leans out of
the window. He sees something. He runs to hide* LENNON.
Opens the door.

Awesome! Look who's come to The Cavern! The
Crusaders' very own George Harrison!

BUTCHER. I'm not George Harrison. I came to tell you not to
turn up at my house again; I don't want you making trouble
for me after all this time. I want you out of my life.

JOHNNY. OK, OK, I won't come to your pad any more. But
come on in, since you're here. Check out this place, the
venue for the gig of our lives.

BUTCHER (*goes to leave*). I just came to tell you. Didn't you
hear?

JOHNNY. Wait: I just want you to check it out, and then . . .
If you like, you can go . . . Come on, Juan Alberto.

BUTCHER (*hesitates, but in the end decides to go in. About
The Cavern*). It's . . . It's phenomenal! It looks just like it.
How did you get it to look so similar?

JOHNNY. With photos, mate. The Sailor sent me them from
Liverpool.

BUTCHER. The Sailor's in Liverpool?

JOHNNY. He gave them the slip when they got to Liverpool
docks, man. But he kept on sending me stuff about The
Beatles, see. Everything I've got is thanks to him. (*Showing
him the folders.*) Look . . . Look . . .

BUTCHER. It's like being right there. It's like a dream. It's
like going back to when we started rehearsing their music.
Like listening to those LPs again: the ones that we wore out
listening to them over and over so we could learn the songs
from them. Like going back to the first time we appeared in
public; on that stage at college, decked out in our corduroy
jackets, and people clapped their hands red raw. That first

time, when Eladio, the director, stood there clapping as
well, because he didn't know what it was we were singing.
He never let us perform again when he found out . . .

JOHNNY *sees his chance and puts on 'Yellow Submarine'.*

My favourite song.

A car horn sounds.

I shouldn't have come.

JOHNNY *shows him the instruments. Stunned to see them.*

It's fantastic; it's amazing how you've kept everything. This
was my homemade bass . . . My beloved bass!

Strokes it, touches it, ecstatic. The car horn sounds again.

I've got to get going . . .

JOHNNY. Will you come back? Will we make it happen, you
and me? Promise we will, Zombie?

BUTCHER. I didn't sleep last night, Johnny. Your visit
reminded me of a lot of things. Some things I wanted to
forget. Things I thought I had forgotten.

JOHNNY. So are you with me on this, mate?

BUTCHER (*confused, uncertain*). This work doesn't leave
time for anything, Johnny. We go from village to village
looking for pigs to slaughter. Sometimes we leave at dawn
and come back at dawn. It's nearly the end of the year. A
good time to make money. That's what's most important to
me now. Earning money. Work comes along, you do a job
you don't like, but you don't want for anything you want
to buy, you can go out with the family and have a sit down
in pleasant surroundings. Everything I couldn't do when
I was working at the bank! I worked with money, I touched
it every day, I felt it between my fingers, and I didn't
even have enough of it to buy a pair of shoes with. Before
I started this, I had a pair that I'd inherited from my uncle
who died. A dead man's shoes! One day, the day I left it all
behind, I said to myself, 'I'm sorry, Juan Alberto, but
you've got a degree and you deserve something else on your
feet.' I don't know if I'm wrong. I don't know. But I reckon
a man's got to live.

JOHNNY. But we can finish the concert in no time, man. Two
days. In two days we can play at least three numbers.

Or just one. Something we'd never forget. The Crusaders, old men, together again in The Cavern to sing a song to The Beatles, to John Lennon!

The car horn sounds again, insistently.

BUTCHER. I've got to go, Johnny. I want to have a good shower. Scrub myself down. Scrub and scrub until I forget this stink. Scrape it off me . . .

JOHNNY. If we make this happen, I'll give you another surprise . . . A mind-blowing surprise, man . . . Something The Crusaders are worthy of . . . You'll be blown away. I swear. What do you say, mate . . . ?

MOTHER (*appears at the door*). I heard that beeping; I can't hear the television and I wanted to know who it was . . .

JOHNNY. This is my Old Lady. The only one who understands me. Reluctantly, but she understands me. This is the Zombie . . .

BUTCHER. Stop calling me Zombie in front of people. I'm not the Zombie any more. I never will be again . . . (*Pause.*) It's all over, Johnny.

MOTHER. The Zombie? And has he agreed?

JOHNNY (*maliciously*). Not yet.

The horn sounds again.

BUTCHER (*shouts, annoyed*). Coming . . . (*To* JOHNNY. *About his* FATHER-IN-LAW.) He never lets up. (*Pause.*) I don't reckon you can get them back together . . .

JOHNNY. What about you?

The BUTCHER *stares at him and leaves.*

MOTHER. Did you show him? Did you tell the Zombie that you had John Lennon in the house?

JOHNNY *shakes his head.*

This is madness what you're doing, Manuel. Mixing other people up in your madness.

JOHNNY. I'm sure they'll understand. They'll be made up to see John Lennon at the concert. I know them.

MOTHER. You never knew them.

JOHNNY. We were on the same wavelength.

MOTHER. Until one day.

JOHNNY. I promise I'll keep John hidden, at least for now. If all goes to plan, we'll play on Saturday at the latest. Deal, Mum?

MOTHER. Saturday? Saturday's a long way off. They're going from door to door asking people to provide information if they know anything, if they've seen anything suspicious. It was your father who held the local meeting about it. I'm not sleeping properly. You'll be the death of me, Manuel. I'm too old these days for frights like this. This is theft, even if you think you're in dreamland.

JOHNNY. I said I'd put him back.

MOTHER. But if they catch you first, who'll believe you? Who'll believe these dreams of yours?

JOHNNY. I don't care if they believe me. I just need to feel that I'm really gonna make this happen.

MOTHER. Forget this idea, son. You've had your little visit from John Lennon now. That's plenty. Do as I say, please . . .

JOHNNY. Take it easy, Mum. If I pull this off, I can die tomorrow.

MOTHER. What madness is that, Manuel? Don't say such things. All I ask is that you think about what you're doing . . . Think like the mature man you ought to be. (*Exits.*)

JOHNNY (*to* LENNON). My Old Lady's always been that way, John. Ever since I was a kid. Any mother would worry the same. It's all cool, though, mate. No one can find us. No one! We can work it out, John, and we'll give the concert together, before they can give one in the park . . . We were the first ones to sing your songs, man, and no one's remembered us. The Crusaders were the first, John. Trust me. And if they refuse, John, you have to help me. Give me a hand. Look John, mate, I'm sorry but I think it's best to hide you now. It's a way to stop them finding us and giving us grief, see. You've got to understand, man.

Puts him carefully into an hole and covers it. He switches on the record player and puts on Cuban music.

Haven't you had the chance to hear it? Yes? Well, of course . . . That time you told me that you went to the Bodeguita del Medio[1] in disguise so that they didn't recognise you.

Hey: you're not mad at me, are you, mate? Swear to me, brother. Swear to me, man . . .

Scene Five – The Leader

A house. The stage is filled with hanging sheets. A mother, MACHUCHA, *wrings out the sheets . . .* JOHNNY *stands inside the house, watching her . . .*

MACHUCHA. These pissy sheets'll be the end of me one of these days. My hands get so tired. I can't wring them out sometimes; they get so numb. Fancy helping? Don't just stand there, come on . . .

JOHNNY. Whose sheets are they, then?

MACHUCHA. Whose . . . ? (*Is about to say something, but decides not to. To* JOHNNY *as he approaches to help.*) What's this face? Stink, do they? I know . . . I wash them every day. Makes you feel sick, does it? That's normal. Turns your stomach, this stench does. I can't even eat sometimes. (*Pause as she hangs up the sheet.*) I remember that group. I couldn't forget if I wanted to. The spasms of the swinging sixties. The years when Alfredo was a mixed-up, rebellious young man. A dreadful group. (*Hands him a sheet for him to help her wring out.*)

JOHNNY. Dreadful? Don't say that. We were a good band. The best in the city.

They wring out the sheets.

MACHUCHA. As I say! Luckily Alfredo gave up on those ideas of rock music. I've never regretted putting him into the military band. That was where he made money. Rock music's never prospered in this country. Just imagine: as soon as Alfredo left that little group and set up the other one, he was a great success. Did you know he travelled to London, Singapore, Japan, Sweden? He's got photos of those places. I keep all the reviews through there from all the different papers. And they raved about my Alfredo. They said he had a marvellous voice and was a magnificent guitarist. (*Pause.*) He'll not recognise you.

JOHNNY. Not recognise me, the Leader? We were like brothers. He slept on my bed. It was me who introduced

him to The Beatles. It was us two that decided to start up
the band. It was the Leader that gave us the name: The
Crusaders. He really dug rock 'n' roll.

MACHUCHA. 'Dug' it? Never! They were the passions of
youth. He wasn't like the rest of you.

JOHNNY (*pause*). Can I see him?

MACHUCHA. You'll not recognise him.

NURSE *enters with a man in a wheelchair.*

NURSE. I've given him his bath. He was ever so good with
me. Isn't that right, Alfredo? I even put some of that
cologne he likes on him.

MACHUCHA. This is the nurse that helps me look after him
so I can work. You can imagine; my situation isn't easy.

JOHNNY (*surprised*). Is this him?

MACHUCHA. He . . .

JOHNNY. But I saw him four months ago and he was right as
rain . . . Was it four months ago . . . ? So those sheets are
his? Why didn't you say anything? The Leader! What's up
with him?!

NURSE. He had . . . A stroke . . .

JOHNNY. A stroke?! But how? How did it happen?

NURSE. He was on one of his tours, playing, and . . .

JOHNNY (*crushed*). No way. It can't be. Not now. (*Pause.*) So
he won't remember me, then? He won't remember the
band?

MACHUCHA. Don't even try. He'll get upset . . .

JOHNNY. It can't be; he must remember me. The Leader's my
man.

NURSE. Have a try.

MACHUCHA. Let him be . . . I've told you: he'll not
remember . . . He doesn't remember anything. He doesn't
even recognise me sometimes. It looks like him, but there's
nothing there. He just looks at the walls, gets lost in them . . .

NURSE. Let him try . . .

JOHNNY (*approaches the* LEADER. *Gently*). Don't you
remember me, Leader?

The LEADER *remains motionless.*

It's Johnny. Remember college?

The LEADER *remains motionless.*

And The Crusaders? Don't you remember? Don't you remember? You used to say, 'Hey, Johnny, you've a rubbish voice, but stick to backing vocals and I'll cover you.' You used to keep our feet on the ground, remember? 'Hey, rock stars, get down out the clouds.' You were a miserable sod. And a master on the guitar. Eh, mate? Remember? Your guitar! The Leader's guitar, man! Remember? Remember your first guitar? I kept it as a memento at my place. I told you, Leader. You didn't want to see it, but now . . .

MACHUCHA. Not a flicker.

JOHNNY. I came to look for you, so you'd come and sing with the other Crusaders.

MACHUCHA. Can you not see the state he's in? You'll do him a lot of damage. And he can't go anywhere. I want him here, with me, in his room. Sat still in his wheelchair . . . !

NURSE. Who knows, it might do him some good . . . !

MACHUCHA. It will not!

JOHNNY (*takes out some photos*). That's us. That's me. That's the Zombie. The one on the right is the Scorpion. And that's you. Recognise us? Recognise The Crusaders?

The LEADER *remains motionless.*

MACHUCHA (*to* JOHNNY). He doesn't remember anything. Don't you understand?

JOHNNY. But do you remember The Beatles? Don't say you don't remember The Beatles. (*Pause.*) No?

MACHUCHA. He didn't listen to that music ever again. He didn't seem interested.

JOHNNY. He was interested. He told me once that he didn't want to be a frustrated musician. And music was his life. That's why he set up the other group . . . You weren't like me, Leader, mate, but because I stuck with rock 'n' roll, that's all I've ever been: a stubborn rock fan . . .

MACHUCHA. You can't talk so much to him. He doesn't understand. Help me, Nurse. The doctor said . . .

JOHNNY. And don't you remember when we celebrated what
Lennon said about Jesus? We sang those songs and lit
candles and graffitied the wall of the water-tank, man.
'Long live The Beatles!' You must remember, man. Those
songs were like hymns to us. Don't you remember the day
it all ended, when they tried to send us all down? The day
of the concert. I stood up and shouted at the top of my
voice. 'Long live Lennon! Long live God!' I blew it! For
you and the rest of the guys. They always said it was me
who brought the joints that day . . .

The LEADER *moves almost unnoticeably, shaken by
something disturbing him from within.*

MACHUCHA. Be quiet; you'll upset him . . . Don't talk about
those things. Don't talk at all. And don't cry in front of him.

JOHNNY. Have you forgotten it all? Really, Leader?

MACHUCHA. Even the people with perfectly good memories
have forgotten; why should he remember?

JOHNNY. Because a rocker's spirit never dies.

MACHUCHA. Stop crying. (*To the* NURSE.) Tell him to
leave . . .

NURSE. If you cry, you have to leave . . .

JOHNNY. Remember, man? Ana fell in love with you at that
concert, when you dedicated that number to her.

The LEADER *starts to cry. He taps his armrest frenetically.*

MACHUCHA (*to* JOHNNY). Are you insane? Don't you
mention that woman; going AWOL at Paris airport,
wrecking that concert they had booked in Switzerland,
showing him up like that. I told him: don't you let that
woman join the band, I said. She finished him off. It was
her that brought on the stroke. It was her that . . . I was right
all along! All along!

The LEADER *is very agitated. He seems to want to speak,
but cannot.*

(*To the* NURSE.) There you go. I said he'd upset him. I said
so, and now you're going off to the clinic and yours truly
is stuck here with him. The doctor said he might have a
relapse . . . Did he or didn't he? And it'll be your fault,
madam . . . And I'll complain to anyone who'll listen. (*To*
JOHNNY.) Get out . . . Didn't you hear me? Get out . . . !

JOHNNY *goes to leave.*

JOHNNY. I didn't know, I . . .

The LEADER *moves slowly and taps his armrest, attempting to catch their attention . . .*

(*Notices the* LEADER. *Returns. A pause as he watches him.*) Does he want to say something? Did you say something, man?

The LEADER *tries to communicate with contained, sober movements, hardly noticeable . . .*

NURSE. Machucha, he moved . . .

MACHUCHA. He moved?!

NURSE. Speak up, Alfredo. Come on, speak . . .

The LEADER *tries to tap out a rhythm on his armrest. His movements are disorganised, tense . . . In the end, he fails.*

JOHNNY (*hugging him*). The Leader, heart and soul of The Crusaders. My man . . . You remember? I knew it. I'm gonna take you to The Cavern, man.

MACHUCHA. Oh, my little boy moved! It's been more than three months since he said anything. Not a single word. Not one. And now . . .

LEADER (*barely audible*). I . . . Remember . . .

JOHNNY. Did you hear me, Leader? Did you hear me, mate? Will you come and sing with The Crusaders? Will you come?

MACHUCHA (*to the* NURSE). Can he go? Can he?

The LEADER *taps his armrest, taps it, taps it again . . . His tapping makes them excited, hopeful. One final, sharp tap . . .*

Scene Six – The Secret Discovered

The Cavern. The MOTHER *stands at the doorway. The* FATHER *searches the garage with a goat's leg in his hand. He seems not to find anything. He discovers the hole. Lifts the lid. Puts down the goat's leg. Starts to take* LENNON *out. The* MOTHER *helps him. They then cover him with a blanket and go to leave . . .*

JOHNNY (*entering*). What are you two doing in The Cavern? How did you get in? You've no right to come into my house like this.

FATHER. Don't talk rubbish, Manuel. This garage is part of my house. And in my house, you had this bloke, who I'm going to take out of here and leave somewhere.

JOHNNY (*to his* MOTHER). Why did you tell him, Mum? Couldn't you just keep quiet 'til the last day? Didn't you understand my plan? We had a deal.

MOTHER. I've not slept since John Lennon's been in this house. Are you trying to drive me mad? I've done nothing but take tablets . . . I was fit to burst; I had to tell him.

JOHNNY. I'm gonna take him back once I've finished the concert, Dad.

FATHER. There's not going to be any concert.

JOHNNY. There is; I'm gonna get all the guys together in The Cavern. Even the Leader's coming in his wheelchair.

MOTHER. In his wheelchair?! What happened to Alfredo?

JOHNNY. He's ill. Can't you imagine how I feel? I'm not going to do this to him now. I promised to bring him to The Cavern. (*To his* FATHER.) Leave John alone. He's my guest. My best friend. I've spent my best times with him. He's been one of the few people who have understood me. I won't let you wreck another one of my dreams.

FATHER. I'm wrecking it, son, because I don't want you landing in the slammer.

JOHNNY. Take it easy, Dad. Nothing's gonna happen.

MOTHER. Something is going to happen. You know it is.

FATHER. Of course it is. Something always 'happens' to you, ever since you were a lad. Remember that you only got out of going to the UMAP[2] camp thanks to the strings I pulled with my friends.

JOHNNY. And I'm grateful, man.

FATHER. Well, now the police are looking for the thief. They aren't saying so anywhere. You know that all the newspapers keep schtum to help the investigation, but they're looking. Everyone's on the trail. And they'll find you. And muggins here isn't going to get mixed up in it if you don't listen to me now. I won't be getting you any certificates like I did last time, saying you've got problems with your nerves.

JOHNNY. I'm not asking you to, Dad.

FATHER. Well. But I reckon you ought to think about how you've prevented everybody else from going to the park and admiring that statue of Lennon. And that's no laughing matter, Manuel.

JOHNNY. It's my problem. Mine! It's something I've always dreamed of, man. A dream come true! One of those crazy dreams that you want to fulfil no matter what the cost, man. Even if a lot of people think you're making a mistake. Even if you really are making one. Even if they take you for a thief. But I'm not, man. You know I'm not a thief.

FATHER. What about the soap?

MOTHER. Oh, but Manuel, we all live off that soap in this house: even your grandchildren!

FATHER. Against my wishes.

JOHNNY. I'm a musician!

FATHER. A musician. A musician! You're a security guard in a soap factory. You're a piece of rubbish, a man that women can't stand, because he's never grown up, because you've spent your entire life shacked up with these homosexuals in my garage.

JOHNNY. Don't say that about The Beatles in front of John.

FATHER. Well, I am saying it. In front of Johnny Foreigner here. So what? And I'm saying it about all of those other longhaired layabouts: coming to this house, listening to music, singing songs . . .

JOHNNY. They haven't all got long . . .

FATHER. But they're all . . .

MOTHER. Don't say that to Manuel.

FATHER. Well, I am saying it. In front of you, Lennon.

MOTHER. You cannot say that about my son. I'll not allow you to say that.

JOHNNY. See what he said, John? He's never been able to dig people, man.

FATHER. I know you and I aren't going to see eye to eye,
John, but for me, men think differently and dress differently.
No earrings. No tattoos. They dress like men! Men can't
spend their time thinking about four American musicians
and making them the centre of their lives.

JOHNNY. They're not American. They're English, man. Get it
into your head.

FATHER. Wherever they're from. There are plenty of people
here in Cuba who deserve to be admired. Real men.
Spotless men. Men who sacrificed themselves for all of our
dreams . . .

JOHNNY *applauds mockingly.*

I will not allow you to . . .

JOHNNY. Everyone should be free to admire anyone they like,
man.

FATHER. Stop calling me 'man'. (*Pause.*) I'd like to burn this
place down. It doesn't match the rest of the house at all.
Anyone'd think everything I've taught you all your life had
just been on a whim. (*Pause.*) I'm ashamed of you
sometimes. (*Goes to leave, taking* LENNON *with him.*)

JOHNNY. I said, you're not taking John.

MOTHER. It's for the best, Manolito, for your own good.
Your father's going to take him away and leave him sitting
somewhere. Someone will find him and that way nothing
will happen to you. And your father won't be stuck in this
awkward situation. Avoid trouble . . .

JOHNNY. This is my responsibility, Mum. I'm an adult. A
grown man. You should realise for once, Dad. The father
of two sons. I wanted to be a musician and play the music
I loved, man. I could even have sung some other things but
I always stuck with what I loved. Stayed true to myself.
Even though I never had the instruments that I really
needed. Even though no one would give me a place to
rehearse. Even though our music annoyed everyone and
they sent the cops after us. Even though they silenced us.
This is the music that touches me. And it's the music that
I'll always be into. Understand that, once and for all. Now
I have a chance to fulfil my dream and I'm not gonna back
down, man . . .

MOTHER. But you're our son.

FATHER. You'll always be our son.

JOHNNY. I won't let you take John away from The Cavern.
I won't let you . . .

MOTHER. Manuel, don't be like that. Try to understand.
We're doing it for your own good, for your children . . .

JOHNNY. They're grown men now. And I've supported them
this far. That's my business. And I'm telling you that I want
to sing to John Lennon with The Crusaders. He's made up
about it. Tell him, mate. Tell him, John, maybe it'll cool the
Old Man down.

FATHER. Don't you see, María? He doesn't change. He's
behaving the same as when he was a lad. Well, I'm telling
you there'll be no singing.

JOHNNY. Mum, tell Dad to leave John alone. Tell him . . .

FATHER. You may be a man but you still have to obey me.
(*Goes to leave.* JOHNNY *stands in his way.*)

JOHNNY. Well, I'm not going to. I already obeyed you when I
was younger, when you humiliated me for playing the
music that I liked. When you backed them up when they
smashed up the instruments we'd got together. When they
forced me to cut my hair. When you hit me that time I'll
never forget. When you said all those things in front of the
college director, when he accused us of ideological deviance;
the same man who was just there last week applauding
merrily away when they unveiled the statue. Or didn't you
see him? (*Pause.*) Gimme it, man . . .

MOTHER. Let your father . . .

FATHER. You have to obey me . . .

MOTHER. Do as he says . . .

FATHER *and* JOHNNY *struggle. They push each other. The*
FATHER *falls.*

FATHER. You must do as I say. Let me take Lennon away . . .

JOHNNY. What are you gonna do? Hit me? You wouldn't
dare . . .

MOTHER. No, don't argue like that. Manolón, he's your
son . . . !

FATHER. Get out of the way . . .

MOTHER. Oh, God in Heaven! They'll hear all the shouting . . .

FATHER. Move . . .

JOHNNY. Are you gonna kill me? Eh, old man? Is that it?

MOTHER. Always the same story . . .

JOHNNY (*takes a box of soap and puts it down in front of his* FATHER.) Or are you gonna shop me to the police? Is that it? Tell them I've got Lennon here? Are you gonna blow the whistle? Are you gonna back him up, Mum?

MOTHER. Me?!

JOHNNY. Say something. Go out and tell the police if that's what you want . . . Go on . . .

Long pause. A very long pause as the FATHER *begins to place* LENNON *on the floor.*

FATHER. All right, Manuel. But if you don't put him back in twenty-four hours, I'll go to the police myself . . .

Scene Seven – The Scorpion

A DOG *and its owner: the* SCORPION. *A* YOUNG MAN *dressed in heavy-metal clothes.* JOHNNY *stands before them like a spectator. The* DOG *barks, is released and goes sniffing around. It reaches* JOHNNY*'s feet and stops. Sniffs. Barks at him rabidly.* JOHNNY *is startled.*

SCORPION. That's it, Samson. You scared, rock star? If I want to, I can give him the order right now and he'll put his paws on your chest. Down, Samson. Down, boy . . . Easy, rock star. Don't be scared. (*Change.*) Look, Johnny, for me, that guy, Eladio, the college director, he was right.

JOHNNY. He was a bastard.

SCORPION. No, he wasn't . . . Things happen; you have to understand them. The sixties were a messed-up time. Imagine, Johnny, we used to sing in English! You know what a crisis they were having in those days about preserving Cuban identity. That was back when they attacked us at Girón³. The missile crisis. I don't want to go dragging all that up again! Johnny, even the Americans were against The Beatles. People's parents started saying that their music and mop-tops and miniskirts came from Russia.

You know that! You didn't know? Ah . . . And you, a fan.
Look, Johnny, the truth . . . The truth is that our group was
never going to be any good.

JOHNNY. Don't say that. Who knows what we could have
been, man? No one! We were a group of guys hungry for
success. You yourself; you were a good drummer.

YOUNG MAN. You, Dad? Weird!

SCORPION. That's what we believed . . . But don't kid
yourself; rock 'n' roll wasn't really my thing. We were
young, it was a phase. A nice phase. I don't deny it. But,
when all's said and done, how do I put it . . . ? Ephemeral.

JOHNNY. I don't agree with you . . .

The DOG *barks, almost attacking* JOHNNY.

Hey, hey! Get this dog away from me.

SCORPION. Samson, get down. Down, boy . . . (*To* JOHNNY.)
He gets agitated when anyone contradicts me. Repeat what
you just said and you'll see . . . Go on, have a go . . .

JOHNNY. I said, I don't agree with you.

The DOG *barks aggressively.*

SCORPION. I told you. He gets furious when anyone
contradicts me.

JOHNNY. Well, tell him to go over there . . .

SCORPION. Son, take him inside.

The YOUNG MAN *exits with the* DOG. *Long pause.*

JOHNNY. If they hadn't have split us up, we would have been
one of the biggest bands in Cuba, man. Don't look at me
like that, Scorpion. I'm sure we would have done some
original music. The Crusaders' music, in Spanish. Maybe
with influences from The Beatles, from . . . Look, man, the
fact is that The Beatles influenced a lot of the best Cuban
music. And we were the first. The first ones to sing it, the
first ones to perform it live. The first ones to drive people
wild with their music.

SCORPION (*long pause*). So why didn't you succeed?

JOHNNY. Me?!

SCORPION. Yes, you . . .

JOHNNY. Everyone went their separate ways.

SCORPION. Because you put a stop to that concert with your shouting.

JOHNNY. Don't try to tell me I was the only one, because everyone was high that night . . .

SCORPION. I never smoked those things. I used to have a few drinks at parties, but not that . . .

JOHNNY. I only did it a few times.

SCORPION. But you went too far that day, Johnny.

JOHNNY. But it wasn't me that brought the joints.

SCORPION. Johnny, I always knew it was really the Leader that brought them.

JOHNNY. You knew?!

SCORPION. It was better for them to think it was you. They were never going to fuck you over like they would him. I knew your dad would jump in and stop them, that's why I kept quiet. And I was right. Straight away he pulled a few strings; they didn't so much as send you to the Youth Labour Army. Not like they did me . . .

Long pause as they stare at each other.

Anyway, what about you . . . ? Why didn't you start your own band in all this time? Another band!

JOHNNY. I just felt like giving up after what happened. No one understood! It drives you mad. The Leader even phoned me up one day to ask me to play in his salsa band. I could have been a success, playing with him, but I told him no. Rock 'n' roll was always my thing. I started plenty of bands.

SCORPION. And . . . ?

JOHNNY. They all failed, man, for one reason or another. The instruments this, rehearsal rooms that, no one caring about what we were singing. You know what it's like . . . ! I got fed up of fighting. Maybe other people had better luck. Maybe that's what it was.

SCORPION. But you had no talent.

JOHNNY. Don't say that . . .

The DOG barks.

SCORPION. Shut that Samson up! (*Pause.*) I'm telling you, Johnny . . . At the end of the day you're just blaming your failure on everyone else.

JOHNNY. I had talent. I know I have talent. You know what people used to say when they came and saw me sing and play. Even the Leader said so, man. And the Leader knew about music.

The YOUNG MAN *enters.*

YOUNG MAN. Where's my drum kit, Dad?

SCORPION (*looks at the* YOUNG MAN *and doesn't answer. To* JOHNNY). Don't talk shit, Johnny. What are you doing these days?

JOHNNY. I'm a security guard in a soap factory.

SCORPION. See? You never got anywhere. Me, on the other hand, they knocked the militancy out of me and sent me off to cut sugarcane, but I got back up again. I always worked hard. I never missed out when they mobilised, when they harvested the coffee. And look where I am: I've got a good job and I do what I like.

YOUNG MAN. Are you listening, Dad? I asked about my drum kit. It was in my room and I wanted to go and practice.

SCORPION (*looks at the* YOUNG MAN *and ignores him*). You weren't musician material, Johnny. Forget about it. Look, pal: the truth . . . The truth is that I don't care about reuniting The Crusaders to sing Beatles songs in The Cavern. That's what you call the garage in your house, isn't it? It really does take all sorts! You've never amounted to anything, Johnny.

YOUNG MAN. Are you listening, Dad?

SCORPION (*to the* YOUNG MAN). I've put it in my room and you're not taking it out of there . . . And now I'm talking to my friend.

YOUNG MAN. I'm meeting up with the band.

SCORPION. You are not hanging about with that lot, with their earrings and their tattoos, singing songs that sound like they've come from I don't know where.

YOUNG MAN. I am. They're waiting for me outside. You can't make me look bad. This is my last chance; if I don't

go, they'll make someone else the drummer. I want you to
get the drum kit out from your room or I'm gonna break the
lock.

SCORPION. I bought you that drum kit with American dollars
so that you'd play another kind of music. And if you don't,
I'll go and lock it up over at my office.

YOUNG MAN. You can't do that to me.

The DOG *barks at him.*

SCORPION. I can, and I'm talking. (*Pause. To* JOHNNY.) I
don't have time for this, Johnny. I don't have time for
reunions and singing. I'm up to my eyes with meetings,
reports, inspections. Right, Samson?

The DOG *barks.*

JOHNNY (*goes to leave. Depressed*). I'm sorry, Scorpion. I'm
sorry not to reunite The Crusaders, man. I'm sorry that
some of us don't remember that moment in our lives. I'm
sorry it means less to you than it does to me, man. And I'm
sorry for this kid.

The YOUNG MAN *looks at him.*

SCORPION. I'm sorry for you all, too, Johnny. Send them my
regards, all the same.

JOHNNY. There's only two of us left, plus the Leader in spirit.
And you; you've turned into a . . . (*Goes to leave again.*)

SCORPION. Did you know someone stole the statue of John
Lennon?

JOHNNY. What?!

SCORPION. John Lennon, from the park in Vedado.

JOHNNY. You're kidding!

SCORPION. You sure you didn't know? He means so much to
you and you didn't know? Don't you remember how much
we cried when they killed him?

Pause as four symbolic gunshots are heard.

We spoke on the phone that day, Johnny. That was the day
we spoke most in our lives since the band got screwed.

JOHNNY. No, I didn't know they'd stolen it.

The DOG *barks furiously.*

SCORPION. Whoever did it's getting himself into a hell of a mess. They're looking for him like nobody's business. A mate of mine who works for the police told me they found Lennon's glasses. A security guard had them.

JOHNNY (*surprised*). Security guard?!

SCORPION. I think that's what he said. They'll catch him sooner or later. You can be sure of that.

The DOG *barks.*

It'd be a good idea to put it back sharpish . . .

JOHNNY. They'd better do. To make amends to John.

SCORPION. Thieving bastards! (*Long pause as he stares at him with recrimination.*)

YOUNG MAN. Maybe he went out for a walk.

SCORPION. For a walk? What are you on about?

YOUNG MAN. He used to like going out for walks, going unnoticed amongst the people. He had a lot of fun doing that. He used to pass himself off as a taxi driver so he could just be himself.

SCORPION. Don't talk shit. You know nothing about The Beatles. Stop dreaming.

The DOG *barks.*

JOHNNY. Maybe that was it, kid.

SCORPION. You and all, Johnny, don't talk shit. This is a serious problem.

YOUNG MAN. It must be nice for him to have someone take him out for a walk in Havana. Who wouldn't have wanted The Beatles to come to Havana?

Looks at JOHNNY, *there is complicity between them, which the* SCORPION *notices but chooses not to react to openly.*

SCORPION. It's theft; here in Cuba, in London, in Rome or in Rio de Janeiro. Stealing a statue is something symbolic. Where's your head at? Where? Where are both your heads? Do you know what it means that they put that statue of Lennon up? Do you know that there are people who are against it? Did you know? No?! And now they've put a stop to that concert they were going to give on Sunday . . . They must be out of their minds!

The DOG *barks incessantly.* JOHNNY *leaves.*

But we'll catch him . . . !

The YOUNG MAN *goes into the house.*

Where are you going, Ringo? You are not taking that drum kit to play heavy metal. You are not taking it. You are not going to fritter away your talent on that music that's just shouting and noise. It's not music, Ringo. It isn't . . . (*Shouts. Scolding him.*) Ringo! Ringo!

The DOG *barks incessantly.*

Scene Eight – The Crux

The butcher's. The same joints of pork hang from the ceiling. The WIFE, *with her bloodied apron, chops up chunks of meat.* JOHNNY *enters and stands agitatedly before the counter . . .*

WIFE. I'm not calling Juan Alberto, got it? He's in no mood for all of this.

JOHNNY. I need to speak to him. It's urgent.

WIFE. Did you not hear me? He's in no mood . . .

JOHNNY (*goes inside. Shouts*). Butcher . . .

WIFE. Ooh, you are rude!

JOHNNY (*shouts*). Butcher, I want to talk to you right now . . .

BUTCHER (*enters in his bloodstained apron, knife in hand*). Did I not tell you I don't want you turning up at my house ever again?

WIFE. I told him you couldn't see him. I told him and he took no notice.

BUTCHER (*looks at her. To* JOHNNY). Be quick . . .

WIFE. You carry on with this nonsense . . . Father'll get annoyed; he can't get through those pigs on his own. Work is work. If you carry on messing about like this, he'll cut you out of the business and replace you with my brother-in-law. And if he takes Leoncio on, we'll have nothing to eat but our fingernails.

JOHNNY. The Leader's coming . . .

BUTCHER. The Leader?! That's a miracle; the Leader thinks he's God's gift to music!

JOHNNY (*pause*). Well, actually . . . He's ill, actually.

BUTCHER. Ill?!

JOHNNY. Ill. He had a stroke, mate.

BUTCHER. Christ! The quartet without Lennon. The Beatles were never going to be the same again without Lennon. And nor will The Crusaders without the Leader.

WIFE. So, you won't be playing? Well, that's for the best, at any rate.

JOHNNY. He'll still play, though, even in his state.

BUTCHER. Mary Carmen, will you be quiet? (*Pause.*) What about the Scorpion?

JOHNNY. He couldn't give a monkey's. He thought The Crusaders were a load of shit.

BUTCHER. We weren't.

WIFE. I never saw you on the television, and if they never put you on the television then you really can't have been any good.

BUTCHER. Will you be quiet? We sang on the radio. Right, Johnny? You've no idea, Mary Carmen. Nor has the Scorpion. You can't understand. All you care about is sodding money.

WIFE. Because we can't live without money. Or do you want to go back to living hand to mouth like before? Is that what you want? I wish I could forget those days. It was my father saved our bacon, and we ought to be grateful. You should be grateful, especially you; you always were a waste of space . . . Even with that fancy degree of yours!

BUTCHER. If only it didn't exist. If only! (*Pause. Sharpens his knife.*) If the Scorpion's not interested in The Crusaders, he can go to hell. (*Pause.*) What does he do now?

JOHNNY. Don't know . . . Something important, by the looks of it, mate. But you and me can get back together, man, and sing; just the two of us.

BUTCHER. Mary Carmen, go inside . . . Go on!

Pause. The WIFE *pretends to leave, but hovers at the doorway.*

Do you think it's easy to forget, Johnny? Forget, as if nothing had ever happened. You know what? There came a moment in my life when I stopped wanting to hear the very songs that once upon a time I would have died for. In fact, I hated them. I even hated The Beatles, as if they were the ones responsible for sending me to the UMAP camp.

WIFE. What? What did you say? You were in the UMAP? No, I can't believe it. Well, you really have left me speechless now. You never said anything to me. But that's where they sent queers . . . Don't go telling me now that . . .

BUTCHER. They sent ideological deviants there as well, and the bourgeois, Mary Carmen.

JOHNNY. I'm sorry.

BUTCHER. Now?

JOHNNY. What could I have done? I just tried to escape, to get away like everyone else. I was terrified. Please. Let's forget what happened. I need to. I need to finish that concert . . .

BUTCHER. But it won't be The Crusaders.

JOHNNY. But Lennon and Harrison sang together again. The Beatles sang again separately.

BUCTHER: It's not what I had in mind. It's not what you wanted. It's not The Beatles. It's not The Crusaders. Reality's caught up with us, Johnny; the party's over.

JOHNNY. But we have to do it, to settle things for ourselves. Remember, I've got a special surprise for you, mate. A surprise you'll really like. Something unique. Something sensational. You can't leave me alone. We can't do that to the Leader. You'll never forget it. We can't. See you tomorrow? Say yes, Harrison.

WIFE. Is he called Harrison now . . . ? What is this man thinking? Why are you letting him call you names, Juan Alberto?

FATHER-IN-LAW (*comes out*). Butcher, stop the chit-chat and move it! There's a pig suffocating with the heat in there and we'll have to throw some water on him to see if he makes it to the morning. Come on, move it; I can't do it on my own . . .

WIFE (*to the* FATHER-IN-LAW). I told him. I told him you'd get annoyed. (*To the* BUTCHER.) What's happening to you? I don't know you any more. It's as if you're a different person ever since you (*to* JOHNNY) turned up at my house. He doesn't sleep, he wakes up at dawn. He talks to himself. And now, after all this time, it turns out that my husband did time in a UMAP camp.

FATHER-IN-LAW. In the UMAP?! You were in the UMAP?! What for? And why did you never mention it? Listen here: I trusted you . . .

BUTCHER (*to the* WIFE). Will you be quiet? (*Pause.*) I want you to be quiet. At least when I'm talking about something in my life that . . . I loved, a lot.

JOHNNY (*almost begging*). I'll wait for you, man.

BUTCHER. I don't know; I don't know if I can.

WIFE. He's not going anywhere, because I won't let you, Juan Alberto. I promise you that. Pigs are your life . . .

JOHNNY. It has to be tomorrow, because if not . . . It's the only way for everything to turn out . . . Well, for us to do something like what I wanted. I can't tell you why, but it has to be tomorrow. Tomorrow!

The FATHER-IN-LAW *puts a knife into the hand of the* BUTCHER, *who takes it grudgingly. They all exit, back to work.*

WIFE. You're not a musician. You're not . . .

The squeal of a stabbed pig is heard, like a litany . . .

Scene Nine – The Concert

The Cavern. JOHNNY *rehearses 'Nowhere Man' agitatedly, constantly looking outside. The* LEADER *sits in his wheelchair next to* MACHUCHA. *The* MOTHER *stands impatiently at the door. The* BUTCHER *enters apprehensively. He sees the* LEADER. JOHNNY *stops rehearsing. They look at one another. All three exchange looks. The* LEADER *gestures, agitatedly. The* BUTCHER *approaches the* LEADER. *He stands in front of him. A long pause as he looks at him with a mixture of hatred and compassion.* MACHUCHA *looks suspiciously at the* BUTCHER. *The* BUTCHER *looks again at* JOHNNY. *There is a strange complicity between them. The* BUTCHER *extends a hand to the* LEADER's *shoulder, as if to touch him as a sign of support, but he does not complete it and turns his back. He approaches* JOHNNY *slowly . . . The* FATHER *enters.*

FATHER. When will this be over with? Will you not be done with rehearsing? People have been snooping around here all day. Some of them have asked what's going on in here. You're drawing attention. I can tell. Get started now, Manuel; get this nightmare over with.

MOTHER. I've told him thousands of times . . .

JOHNNY (*to the others*). Ready?

The BUTCHER *nods. The* FATHER *goes to leave.*

Aren't you gonna listen?

FATHER. I'm having nothing to do with this. (*Exits.*)

JOHNNY. Well, guys, the great moment has arrived. The songs we will dedicate to the memory of our band. He who has forgotten the sixties never really lived them! We're still here. All my life I've longed for this moment, John. Longing for that dream we promised each other, guys. That if one day The Beatles came to Havana, we would have to sing for them. If everyone else has forgotten us, if they've forgotten that memory, that's still no reason for us to forget. (*To* LENNON.) Damn the man that killed you, John. Damn Mark Chapman for firing the bullet. Damn the Dakota Building for watching you drop dead in four gunshots. You may be dead, John, for your family and friends, but not for the rest of us, not for those of us still waiting for a miracle to bring you back to life. You're still alive to us, John Lennon. To us, you're not just a statue sitting in the park. You're the resurrection. You're John Lennon, here among us, visiting us, waiting to hear us sing here in The Cavern. Step forward, John Lennon, and sit at the table . . .

JOHNNY brings out LENNON and sits him at the table. They all admire him.

BUTCHER (*touches him, strokes him*). John Lennon?! It's wonderful! (*Hugs him.*) I never thought I'd see him in front of me. (*Change.*) You stole John Lennon? It was you?

JOHNNY. This is our visitor, the surprise I had prepared for The Crusaders wherever they are, outcasts though they may be . . .

BUTCHER. Have you gone mad?

MACHACHA. This is serious, very serious . . .

JOHNNY. I'm fulfilling the promise we made to ourselves. I'll put him back after . . .

BUTCHER. You can't be right in the head. How did you dare do this? They must be looking for it. Even the Scorpion must have realised. You haven't changed, Johnny. First you trick me, saying the Leader's going to play. The Leader! Christ . . . And now this. You're just the same. The same man, dragging me into his madness. I'm not playing . . .

MOTHER. I told you . . .

MACHUCHA. And I'm taking my son. I'm taking him out of here right now.

JOHNNY. You can't do this to me . . .

MACHUCHA (*grabbing the wheelchair*). Can't I? Come on Alfredo . . .

JOHNNY. Wait. Nothing's gonna happen . . .

MACHUCHA. It will . . . Just as irresponsible as ever . . . (*Goes to leave with the wheelchair.*)

JOHNNY. This is our secret . . .

BUTCHER. I don't want to have a secret like this . . . (*Starts to gather together his things.*) This is a problem and a half. I'm not a young man any more, Johnny. And when I was a young man, they did something to me that has always hurt me. A lot! Something that wakes me up at night, even now. Something that I've kept secret from everyone around me. Something that left me the most fucked up of all.

JOHNNY. We all were.

BUTCHER. No, Johnny. Nobody could wangle a medical certificate for me. Nobody threw me a lifeline. Eladio crushed me into pieces, Johnny. He did to me what he couldn't do to the rest of you. And that's why you've all avoided me ever since, and I haven't wanted to see you either. I just wanted to forget, to forget, but I never could, Johnny. What did I do that was different to the rest of you?

Nothing! So . . . ? No, Johnny, I can't get mixed up in something like this. That statue should be in the park . . .

JOHNNY. Listen, guys, you're here now. You can't leave. We have to give the concert. I've been rehearsing all afternoon. John isn't angry with me, are you? Tell them, John. Tell them that you want to hear us play. He won't tell anyone where he's been. Will you, John? If anyone asks, you'll just tell them you've been for a walk, won't you. Sipping a mojito in the Bodeguita del Medio. Strolling along the harbour to visit el Morro[4]. Sitting on the Malecón[5], watching the ocean. He wants to hear us play. He wants to hear The Crusaders. He wants us to get to the end of the concert we never finished . . .

MACHUCHA. Good afternoon . . .

MACHUCHA *exits with the* LEADER.

MOTHER. I guessed as much. I knew this would happen . . . And what happens now?

FATHER (*enters*). Have you finished?

MOTHER. They don't want to sing to the stolen Lennon.

FATHER. The police'll be here any minute.

JOHNNY. Please, Zombie, don't go . . .

BUTCHER. Don't call me Zombie. I just came to sing; not to get mixed up in this. Not this at all.

JOHNNY. We're the only Crusaders who can make this happen, man.

BUTCHER. No, Johnny.

JOHNNY. It'll all be over in two hours and we'll have fulfilled our dream.

BUTCHER. To hell with your dream, Johnny. To hell with it, do you hear? (*Exits.*)

MOTHER. I knew it. You're on your own. Nobody's joined in your madness.

FATHER. I'll get the car out so you can take it back.

JOHNNY. I'll sing to you on my own, John.

FATHER. Don't push it, Manuel.

MOTHER. Have you gone mad?

JOHNNY. Leave me alone . . .

MOTHER. Tell him to take you back, John. Help me, Lennon . . .

FATHER. Are you talking to that statue as well?

JOHNNY. Betray Lennon? Betray myself? (*Pause.*) Are you staying to listen? Or are you leaving?

FATHER. Suit yourself, Manuel. (*Exits.*)

The MOTHER *stays behind with* JOHNNY, *in silence.*

JOHNNY. In your memory, John. In memory of The Beatles. In memory of The Crusaders and that concert we never finished. In memory of everyone who loved you. In memory of those who remembered you on radio shows here in Cuba. Of those who wrote about you. In memory of those who carried on loving you against all the odds. In memory of those who suffered. To the Zombie, to the Leader . . . To all of us . . . !

FATHER (*enters*). There's a crowd of strange people outside.

MOTHER. Where?

FATHER. In the street . . .

MOTHER. I can't bear this. Don't you hear, Manuel? What if it's the police outside? Don't play, Manuel . . .

JOHNNY *doesn't obey.*

FATHER. Don't you dare.

JOHNNY. I'm not mad, I'm not.

MOTHER. Don't do it . . .

JOHNNY *sings. His rendition of 'Nowhere Man' is very moving. All of the memories escape into his performance. He is obsessed. Police sirens are heard. A dog barks incessantly.* JOHNNY *continues to play. There is a loud knock at the door. A blue light enters, bathing everything.*

(*To the light.*) He was going to put it back. He was going to . . .

JOHNNY *keeps playing.*

He didn't steal it. He came to visit us. It was him. Ask John. Ask him, officer . . . Tell them, John Lennon. He ate with us. He shared our food. Tell them, John. Tell them, John Lennon.

*The blue light rotates intermittently. Suddenly a faraway
song is heard.* JOHN LENNON *is singing somewhere. They
all look around to work out where. A light shines from the
statue.* LENNON *gets up from the chair and applauds the
concert. He walks out, clapping . . . He exits. Everyone
looks admiringly as* LENNON *disappears along the street,
into the distance . . . No one, not even the light, knows what
to do. Music fills everything. It deafens them . . .*

Curtain.

Notes

1   A bar in Havana, and regular haunt of Ernest Hemingway.

2   Unidad Militar para la Apoyo la Producción (Military Unit
for the Aid of Production) – Labour camps set up in 1965.
They began to be closed down two years later.

3   The Bay of Pigs, April 1961

4   A fortress on the western side of Havana's harbour.

5   A long, popular promenade along the ocean in Havana.

EL CONCIERTO

Ulises Rodríguez Febles

A mis padres:
José e Isabel

A mis hijos

A Yaneli

A toda mi familia

A mis profesoras y condiscípulos
del taller del Royal Court

Ulises Rodríguez Febles

Ulises Rodríguez Febles, nació en Matanzas, Cuba, en 1968. Graduado de Licenciatura en Español y Literatura, en el Instituto Superior Pedagógico Juan Marinello y Diplomado en Teatro para Niños y de Títeres, del Instituto Superior de Arte de la Habana, labora como director e investigador en el Centro de Documentación e Investigaciones de las Artes Escénicas de su ciudad natal. En teatro ha publicado y estrenado *Las Ventanas Tejidas* (Premio Calendario, de las AHS), *Don Juan Tras la Pared* y *La Cabeza Intranquila* (Premio Nacional José Jacinto Milanés, 1996 y 2000, respectivamente). Tiene inéditas *Carnicería*, *Adiós*, *Babel* y *Divina Titiritada*. Sus obras han sido estrenadas en Cuba por los grupos Teatro D´Sur, Icarón, Teatro Uno, Papalote y Rita Montaner. Fue mención del Premio Internacional de Teatro Radiofónico Margarita Xirgú, 2001, con *El Pescador*, *Piet Haynd y los Fantasmas*, en España. Escribe también teatro para niños y títeres donde ha obtenido premios nacionales como el Cien Obras para un Papalote, 1998, con *Cyrano y la Madre de Agua* y el Dora Alonso, con *La Última Ascención*.

Con *El Concierto*, nacida en los talleres de dramaturgia impartido en Cuba por profesoras del Teatro Royal Court, obtuvo el Virgilio Piñera, 2004, el más prestigioso premio de dramaturgia de su país.

Es miembro de la Unión de Escritores y Artistas de Cuba.

Introducción

En enero de 2002 visité La Habana por espacio de siete días durante la celebración de la Semana del Teatro Cubano. Mi programa fue preparado por el Consejo Nacional de Artes Escénicas, CNAE, en coordinación con el British Council. Los activistas de teatro que allí encontré me causaron una gran emoción y sentí que existía un considerable caudal de energía e interés por obras de escritores emergentes. Fue un verdadero privilegio el poder participar en un taller de dramaturgia de tres días impartido por el escritor Gerardo Fulleda León, el cual se desarrolló en la sala teatro El Sótano, ubicada en el reparto Vedado de La Habana. El Royal Court, como uno de los teatros más importantes en Gran Bretaña en materia de las nuevas escrituras, ha fomentado en los últimos diez años un programa internacional de desarrollo de obras, incorporando a escritores de todas partes del mundo. Como resultado de esta visita, propuse que el Royal Court podría emprender en Cuba un proyecto de desarrollo de obras en septiembre de 2002.

Así fue que el 11 de septiembre de 2002 la dramaturga británica April De Angelis, la directora Indhu Rubasingham y yo emprendimos un viaje de cuatro horas desde La Habana a la sede del Teatro Escambray, junto con dramaturgos de la capital y del occidente del país. A la mañana siguiente, más dramaturgos del oriente del país se unirían a nosotros, entre ellos Ulises Rodríguez Febles de Matanzas. Pasamos los diez días siguientes viviendo y trabajando juntos, lo que se convirtió en una de las más inspiradoras experiencias que hemos tenido en nuestro quehacer laboral. El propósito del taller era estimular a los escritores a que escribieran una nueva obra sobre la Cuba contemporánea. Las ideas resultaron originales, incitadoras y altamente dramáticas, y quedamos encantados cuando Ulises presentó un esbozo de su obra acerca de un antiguo fanático de Los Beatles, que se roba una estatua de

John Lennon de un parque de La Habana con el fin de reagrupar una banda de rock de los tiempos de su juventud. Después de explorar muchos disímiles aspectos del trabajo con las nuevas obras, desde el personaje hasta el lenguaje, desde la estructura hasta la imagen, cada uno de los escritores accedió a desarrollar sus ideas en una primera versión que sería enviada al Royal Court en un plazo de cuatro meses. El equipo del Royal Court visitó Cuba dos veces más para trabajar en estas obras: en abril/mayo de 2003, en colaboración con el Teatro Terry de Cienfuegos, y en septiembre/octubre de 2003, en colaboración con el Teatro Sauto de Matanzas. Como resultado de este trabajo, cinco de los escritores viajaron a Londres en abril de 2004, como parte de la Temporada Internacional del Royal Court, y sus obras fueron sometidas a lecturas dramatizadas en Londres con gran aclamación del público.

Anteriormente, en enero de 2004, viajé de nuevo a La Habana junto con el editor Nick Hern en ocasión de la Semana del Teatro Cubano. Para entonces, diez de las nuevas obras cubanas estaban completas y fue profundamente gratificante presenciar el estreno de Gerardo Fulleda en la producción de *El Concierto* en el teatro El Sótano abarrotado. Nick y yo fuimos incluidos para participar en la ceremonia de premios el 22 de enero, Día del Teatro Cubano, cuando, además del prestigioso Premio Virgilio Piñera por La Obra Cubana Más Destacada, se entregaría una nueva distinción conjuntamente por el Royal Court y la Nick Hern Books a la mejor obra cubana no publicada de un escritor menor de 35 años. Todos quedamos sorprendidos y admirados cuando ambos premios le fueron otorgados a Ulises Rodríguez Febles por *El Concierto*.

Éste es sólo el comienzo de una colaboración entre el Royal Court y dramaturgos cubanos contemporáneos, pero en dos años se han escrito muchas obras prominentes y los teatros de ambas partes se han enriquecido considerablemente.

Elyse Dodgson
Jefa del Departamento Internacional
Teatro Royal Court, Junio 2004

Reconocimientos

Este proyecto no podía haberse hecho realidad sin el continuado apoyo de todos en el CNAE de La Habana, el British Council y la Fundación Genesis. Estamos en deuda con literalmente docenas de activistas teatrales de Cuba que nos acogieron en sus teatros y contribuyeron tan generosamente al desarrollo de las nuevas obras. Un agradecimiento especial a Jorge Brooks, Pedro Morales y Rafael Pérez Malo, quienes ayudaron a coordinar los talleres, y a Carlos Johnson Mayeta e Ileana Valdés, nuestros incansables intérpretes. Finalmente, a los diez escritores quienes han visto este proyecto hecho realidad: Evelyn Gómez Hernández, Omar Lorenzo, Nara Mansur, Oliver de Jesús Hernández Jiménez, Bárbara Nieves Acosta, Lilian Susel Zaldivar de los Reyes, Ulises Rodríguez Febles, Norge Espinosa Mendoza, Miguel Santiesteban Domínguez y Cheddy Mendizábel Álvarez.

Elyse Dodgson

El Concierto fue estrenada mundialmente el 17 de enero de 2004, por la Compañía Rita Montaner, en la Sala El Sótano, Ciudad de la Habana, Cuba, con el siguiente reparto y equipo creador:

JOHNNY	Carlos García
VIEJA / ENFERMERA / MUJER	Zoe Segón
MADRE	Hedí Villegas
CARNICERO	Alfredo Pérez
SUEGRO / EL ESCORPIÓN	Jean Marc Rodríguez
MACHUCHA	Mireya Chapman/ Rosie Delgado
EL LEADER	Ariel Gil
PADRE	Jorge Luis de Calvo
JOVEN	Yansier Beltrán
LENNON	Rainier Gutiérrez
JÓVENES DEL PARQUE	Yanelsi Gómez, Denis Valdés, Eduardo Fernández, Yasnier Beltrán

Dirección artística   Gerardo Fulleda León
Diseño y realización de escenografía y vestuario
   Israel Rodríguez
Diseño y realización de banda sonora   José Braojo
Diseño de iluminación   Jorge Luis Jorrín
Producción   Jorge Morejón
Asesoría teatral   Liliam Ojeda
Asistente de dirección   José Angel Recio

El Concierto fue estrenada en inglés en una lectura dramatizada durante la semana CUBA REAL de la temporada International Playwrights en el Royal Court Theatre Upstairs, Londres, el 30 de marzo de 2004, dirigida por Indhu Rubasingham.

Personajes

JOHNNY

VIEJA

MADRE

MUJER

CARNICERO

SUEGRO

PADRE

MACHUCHA

ENFERMERA

EL LEADER

EL ESCORPIÓN

JOVEN

PERRO

LENNON

En un parque del Vedado, en La Habana, existe una estatua realizada por el escultor José Villa, que lo eterniza sentado en un banco mirando al horizonte.

Lugar
Cuba, a veces puede parecer que es otra parte del mundo, y de algún modo lo es . . . Definitivamente lo es . . .

Época
Año 2000.

1 – El Fanático

*La noche. El parque de Lennon en La Habana. La estatua
de* LENNON *sentado en un banco que mira a lo lejos. Una*
VIEJA *duerme en un rincón sobre unos papeles de periódico.
Un hombre de unos cincuenta años se acerca a la estatua. La
observa admirado . . .*

JOHNY. ¡Lennon! . . . ¡John Lennon! ¡Al fin estás aquí!
Nunca pensé verte tan cerca. Olerte. (*Pausa.*) Un abrazo,
brother. No sabes cuánto he esperado este momento. ¡Ay,
si Los Cruzados te vieran! Bueno, seguro te han visto,
dondequiera que estén. Escucha, Lennon: nosotros éramos
un grupo de jóvenes y cantábamos tus canciones, brother.
Para nosotros era como si Los Beatles estuvieran en Cuba.
Al menos eso nos creíamos. Oye, Lennon, vamos a ser
buenos amigos. ¿Verdad? Lo somos. Me llamo el Johny y lo
sé todo de ti, brother. Naciste un nueve de octubre de 1940
en Liverpool. Dime: ¿es o no es verdad? Ese día los
alemanes bombardearon la ciudad. El debut de ustedes en
el club The Cavern fue en 1961. Conozco el día en que
salieron al mercado cada uno de sus discos, el día y la hora
en que se estrenaron sus películas. Conozco todas sus letras.
Y todas tus frases. Me encanta: Los Beatles son más
populares que Cristo. ¡Tremenda roncha armaste, John!
Pero la que más me gusta es: los pobres aplaudan y los ricos
muevan las joyas. Ésa es fenomenal, brother. Es una lástima
que se hayan separado. Claro, yo sé sus contradicciones y
que tú tenías tus ideas, John Ono Lennon. (*Pausa.*) Lo que
es una mierda es que te hayan matado.

Pausa. Se escuchan cuatro disparos secos, simbólicos . . .

Ah, pero un tipo como tú nunca muere. Un tipo como tú
siempre va estar vivo. El que murió fue el otro. El hijo de
puta que te disparó. No sabes lo que lloré, socio. Y ellos
también deben haber llorado, dondequiera que se
encontraran. ¡Adiós para siempre la reunificación de Los
Beatles! (*Canta 'Lucy in the Sky with Diamonds'.*)

VIEJA (*despierta*). Eh, tú, cállate, que no dejas dormir . . .

¿Qué te piensas? ¿Eh? ¿Que una no trabaja? ¿Eh? (*Vuelve a acostarse.*)

JOHNY. ¡Coño, no estoy solo! (*Pausa. A* LENNON.) Escucha lo que voy a decirte. No sé si te vas a poner bravo, pero vine a buscarte antes que den ese concierto que te tienen preparado. Quiero que seamos los primeros en homenajearte y que veas mi garaje. No puedes decirme que no vas a ir, brother. Es como La Cavern y para mí es un honor llevarte allí, a mi mundo. ¡El mío! Eso significa mucho para mí porque después quiero reunir a Los Cruzados. Si quieren verme, claro. Es que siempre dijimos que si Los Beatles venían a Cuba le íbamos a cantar y ahora tú has venido y nadie se ha acordado de nosotros, por lo que te vas conmigo a la Cavern cubana. ¿No te parece maravilloso levantarte de ahí? Eso, John. De acuerdo. Sabía que me ibas a responder que sí, brother. (*Pausa larga.*) Pues nos vamos . . .

Intenta cargarlo pero enseguida se descarga una alarma. La VIEJA *se despierta de nuevo.*

VIEJA. Ehhh, ¿qué? ¿Qué pasa? Ah, tú de nuevo. Ehhh, ¿quieres robarte al yuma? ¿Estás loco? ¿Cómo vas a meterte con un extranjero tan importante que le cantan y le ponen flores y velas? ¡Te estás volando! Déjalo ahí . . .

El JOHNY *no sabe qué hacer. Se quita la chaqueta y cubre a* LENNON. *La alarma deja de sonar. Carga la estatua. Va a salir y se caen las gafas de* LENNON. *El* JOHNY *va a recogerlas, pero se encienden las luces de los edificios. El* JOHNY *se muestra sorprendido. Va a salir . . .*

(*Grita.*) Corran, apúrense, se roban al yuma, al músico . . .

JOHNY. Cállese . . .

El JOHNY *se pierde en la oscuridad. La* VIEJA *ve las gafas y las recoge, se las guarda muy alegre. Sonidos y luces de patrullas circulares mientras la* VIEJA *habla.*

VIEJA (*alucinada*). ¿Para dónde cogió? No sé. Ah, sí, para allá . . . ¿Para allá? Sí, para allá. ¿Cómo era? Qué sé yo. Casi no veo. Estoy ciega. ¿No ve mis ojos? No, no, tampoco vi en qué se fue. ¡Qué sé yo! En algo se fue . . . ¡Claro! ¿Ehhh? Hable alto, que también estoy sorda. ¡Sorda! ¿El qué? Ah, nooooo . . . ¿Qué dice? Ahhh . . .

Las luces se apagan definitivamente. Todas las luces.

2 – La visita

El Garaje: La Cavern. LENNON *está sentado en una mesa ante un plato japonés con palillos para comer vegetales. En una pared la foto de los cuatro Beatles.*

JOHNY. ¿Qué te parece, John? Dime, ¿se parece o no a The Cavern? ¡Eso, John, tú mismo lo has dicho! Me das una gran alegría, brother. Yo quería que alguno de ustedes me lo dijera. Les envié cartas a Harrison, a Paul, a Ringo, pero nunca me contestaron. Claro, yo sé que están ocupados en sus negocios. (*Busca en un archivo. Saca fotos de Los Beatles.*) Mira como tengo imágenes de ustedes. (*Saca otra gaveta.*) Y discos. Me los traía un brother que era marinero. ¡El Marino! Él fue quien me enseñó a escucharlos. (*Le enseña los discos.*) Sí, es la música de ustedes pero los escondíamos en carátulas de orquestas cubanas para que no nos descubrieran. Y así y todo un día me registraron en la escuela. Me los rompieron, brother. Los hicieron trizas. No quiero acordarme. (*Pausa larga.*) No te pongas así, Lennon; lo que importa es que estás contento de estar aquí, brother. Especial para un invitado como tú. Oye, Lennon, si quieres comida criolla tu me avisas, brother, y yo te la busco ahora mismo. ¿Entonces estás complacido? ¡Fenomenal! (*Pausa.*) Ah, si Los Cruzados te ven sentado aquí, conversando conmigo, tal vez se embullan a cantar de nuevo. Y si tú se lo pides . . . Cantaremos contigo en The Cavern. ¡Será como un sueño!

Tocan a la puerta.

¿Quién es?

MADRE. Abre . . .

JOHNY (*a la* MADRE). Estoy ocupado . . .

MADRE. Tú siempre estás ocupado en tonterías. Te digo que abras, Manuel.

JOHNY. Por favor, no me interrumpas, mamá. Escucho música . . .

MADRE. Quiero hablar urgentemente contigo. Abre . . .

El JOHNY *disfraza a* LENNON *y lo esconde detrás de la iconografía de Los Beatles. Después abre. La* MADRE *entra.*

¿Te enteraste? Lo está diciendo todo el mundo. Se robaron al Lennon que pusieron en el parque de La Habana. ¡Y una semana antes del concierto que le iban a dar! ¡Ya tú sabes! (*Pausa.*) ¿No vas a decir nada? Responde. Ahora la policía se pone para los fanáticos a esos maleantes. No me mires así, son maleantes aunque ahora digan que son los mejores del mundo y lo sienten en ese parque. Bueno, eso era lo que decían. ¿O ya no te acuerdas por qué te botaron del politécnico? ¿Te acuerdas o no te acuerdas? ¿Tú no vas a decir nada? (*Mirando incisivamente el plato japonés y los palos.*) Anoche regresaste de madrugada . . .

JOHNY. Salí a buscar unas cajas de jabones.

MADRE. ¡¿Jabones?! Eso es otra cosa. Un día van a descubrir las cajas de jabones en esta casa y . . . (*Por Los Beatles.*) Hasta a esos cuatro se lo van a llevar presos.

JOHNY. Pero si todos en esta casa vivimos de esos jabones, mamá.

MADRE (*pausa muy larga. Revisa con la mirada el garaje*). Te conozco, Manuel.

JOHNY. No me digas Manuel.

MADRE (*toma el plato japonés en la mano y lo vacila*). ¿Seguro que no fuiste tú? Mira, hijo, eso es tremendo problema. Dice la gente que los ingleses están encabronados. Y el gobierno. Y los fanáticos . . . Respóndeme, Manuel.

JOHNY. ¿Por qué me estás diciendo hoy Manuel?

MADRE. Te pido que me respondas. Vi cuando llegaste. Y no eran cajas de jabones, Manuel.

JOHNY. ¿Me viste? ¿Y el viejo? ¿Él me vio?

MADRE. ¿Era Lennon el que trajiste anoche a la casa? Responde.

El JOHNY *hace silencio.*

Estoy seguro que era él. (*Pausa.*) ¿Dónde está ese pervertido?

JOHNY. No ofendas a John.

MADRE. Vi la carátula de aquel disco. Estaban desnudos los dos. La china y el miope. (*Busca en el cuarto. Lo encuentra. Se deslumbra.*) ¡John . . . ! ¡John Lennon! ¡Lo sabía! Sabía que eras tú. Sabía que iba a encontrarme a Lennon en mi casa. ¿Por qué tiene que pasarme esto a mí?

¿Qué daño le he hecho al mundo? (*Pausa. Transición.*) ¿Y las gafas? ¿Dónde están las gafas de Lennon?

JOHNY. No sé. Parece que las dejé botadas.

MADRE. ¿Botadas? ¿Dónde? Tienes que saberlo. ¿Estás seguro que nadie te vio?

JOHNY. Una vieja que dormía en el parque. Después se encendieron las luces de las casas y . . .

MADRE. ¡Ay, Dios santo! ¿Por qué tengo un hijo tan extraño? ¿Qué castigo es éste? ¿Qué es lo que tienes en la cabeza? Por las huellas en las gafas te van a coger, Manuel, y por lo que diga la mujer.

JOHNY. Yo sólo quería que Lennon viera La Cavern.

MADRE. ¿Y ya la vio? Responde . . .

El JOHNY *afirma.*

¿Y tú, Lennon? ¿La viste? Entonces que se vaya . . .

JOHNY. Ahora quiero reunir a Los Cruzados.

MADRE. ¿A Los Cruzados? ¿A esos otros muchachos chiflados? Bueno, ya deben ser unos viejos . . . Pero si ellos . . . Hace tanto tiempo que no los ves. Sólo El Leader y tampoco . . . Pero los otros, ¿qué ha sido de ellos?

JOHNY. Ya tengo el lugar donde está viviendo El Zombi.

MADRE. No debías ir a ver al Zombi, Manuel.

JOHNY. Los encontraré a todos y cantaremos para Lennon.

MADRE. ¡¿Cómo?! ¿Qué dijiste? No puedes tocar en mi casa. Aunque vivamos en las afueras se escuchará muy lejos.

JOHNY. Nos prometimos que si algún Beatle venía a La Habana le íbamos a cantar.

MADRE. Eso fue hace mucho tiempo. Ya te he aguantado bastante. Durante años he esperado algo de ti y no has hecho más que vivir obsesionado con esos cuatros locos . . .

JOHNY. Unos poetas maravillosos.

MADRE. Unos mariguaneros, unos exhibicionistas . . . (*Pausa.*) Ahora mismo lo sacas de la casa.

JOHNY. Ésta no es tu casa. Es mi garaje.

MADRE. Pero pertenece a mi casa.

JOHNY. Me dieron este espacio para que pudiera vivir en mi mundo. Así que traigo a este lugar a quien quiera.

MADRE. Todo en la vida tiene límites, Manuel. Tengo que decírselo a tu padre. Él tiene que saberlo. Conocer la nueva locura que has hecho. La más grande de todas.

JOHNY. No, al viejo no. Prométemelo. Si se entera que Lennon está aquí sabes lo que se va a armar. Yo lo devolveré a su banco en el parque, mamá. En eso quedé con Lennon. Es como si hubiera salido a pasear con él, como los buenos amigos que siempre hemos sido. No puedes hacerme esto. Él está de acuerdo conmigo. Díselo, brother. Anda . . . ¡Eso! Ya lo oíste, mamá. Él quiere estar aquí. Mira, lo haré todo sin que se entere nadie. Lo prometo. Tienes que comprender lo que significa para mí. Volver a cantar juntos. Cantarle a Lennon, que él nos escuche, mamá.

MADRE. ¿Y ellos querrán? ¿Los otros Cruzados querrán rememorar el pasado, Manuel?

JOHNY. ¡¿Los otros?!

MADRE. ¿Has pensado en eso, Manuel? ¿Es que olvidaste lo que sucedió entre ustedes? ¿Lo olvidaste, hijo? Y si quisieran, ¿crees que se arriesgarán a cantarle a una estatua robada? ¿Arriesgarse a caer preso, Manuel? Pero, ¿qué estás pensando? ¿No vas a cambiar nunca? ¿Es que no recuerdas todo lo que pasó en tu vida por cuenta de Lennon, en la vida de los otros?

JOHNY. Nada me importa. Los reuniré. Sólo tienes que prometerme que no le dirás nada al viejo. Prométemelo, vieja. Sé amable con Lennon. Él tiene que sentirse como en su casa. Ésta es la visita más importante que hayas recibido nunca. ¿Lo prometes? Responde, anda . . .

3 – El Carnicero

Un mostrador. Del techo guindan pinchos con carnes de cerdo. El JOHNY *está ante una* MUJER *con un delantal ensangrentado que corta pedazos de carne . . .*

MUJER (*mientras corta la carne*). Vaya, amigo, ¿busca carne? ¿Un pernil? Aprovecha, que está rebajado porque casi vamos a cerrar. ¿No quiere? ¿Seguro?

JOHNY. Busco al Zombi.

MUJER. ¡¿A quién?! ¿Al Zombi? No, no, aquí no vive ningún Zombi.

JOHNY. En realidad se llama Juan Alberto. Me dijeron que vivía por aquí. ¿Ésta no es la calle Materia?

MUJER. Ése es mi marido, el Carnicero. Él no se llama El Zombi. ¿Y usted quiere verlo?

JOHNY. Somos . . . Amigos.

MUJER. ¡¿Amigos?! Usted me disculpa pero yo conozco a todos los amigos del Carnicero y a usted jamás lo había visto. (*Pausa. Grita.*) Juan Alberto: te busca aquí afuera un pelú que dice ser tu amigo. Juan Alberto, ¿tú me oyes? (*Al* JOHNY.) A mala hora viene usted a verlo. Están matando un puerco. Eso molestará a papá.

CARNICERO (*aparece con un cuchillo en la mano y un delantal ensangrentado*). ¿Qué cosa es, Mary Carmen? ¿No ves que estoy matando? Te dije que no quiero que me llames para nada . . . Ya sabes como se pone el viejo.

JOHNY (*al* CARNICERO). ¿Me conoces?

CARNICERO. ¿A usted? Se me parece a . . . No, no puede ser. Hace tanto tiempo . . . Pero tienes que ser . . . ¡Mierda! (*Pausa en que mira a la* MUJER.) Mary Carmen, vete adentro . . .

MUJER. Pero, Juan Alberto, ¿y si viene un cliente?

El CARNICERO *hace un gesto imperativo a la* MUJER, *que va adentro, pero se queda parada en el umbral de la puerta.*

CARNICERO. ¿Qué tú haces aquí?

JOHNY. Quiero hablar contigo El Zombi.

CARNICERO. No me llames El Zombi. Ese nombre lo enterré hace mucho tiempo y sabes por qué . . . Soy el Carnicero y no tengo nada que hablar contigo.

JOHNY (*pausa*). ¿Te acuerdas de Los Cruzados?

MUJER. ¿De qué está hablando este hombre, Carnicero?

CARNICERO. Te dije que fueras adentro . . . ¿O es que no oíste?

La MUJER *hace como si fuera a entrar definitivamente, pero los observa desde lejos.*

(*Al* JOHNY.) ¿De Los Cruzados? ¿Qué me importan Los Cruzados ahora . . . ?

JOHNY. Aún guardo algunos instrumentos, Zombi.

CARNICERO (*transición. Sorprendido*). ¡¿Aún?!

JOHNY. Aún . . . Los que no rompieron . . . Los recogí del basurero, brother. (*Pausa.*) La gente se volvía loca con nosotros cuando tocábamos en las fiestas de quince. El público a veces nos ponía sobre sus hombros y nos paseaban por todo el barrio. Cantábamos las canciones de Los Beatles cuando nadie sabía quiénes eran. Tocando su música ganaste tu primer dinerito.

MUJER (*acercándose a la puerta, curiosa*). ¡¿Tú, músico?! Nunca me dijiste nada de eso.

JOHNY. Tocaba el bajo con unas manos prodigiosas. Hacías unos solos que enloquecías a la gente.

CARNICERO. Eso era antes.

El SUEGRO *aparece con un delantal y un cuchillo ensangrentado.*

SUEGRO. Carnicero, ¿qué esperas? El puerco se va a pasmar.

CARNICERO. Estoy atendiendo a un . . . Amigo.

SUEGRO. ¿Y éste es amigo tuyo?

MUJER. Yo no sabía que Juan Alberto había sido artista. Nunca me había hablado de eso. ¿Tú lo sabías, papá?

SUEGRO. ¡¿Artista?! ¿Tú, artista? ¿Cuándo fue eso? (*Echa una mirada al* JOHNY.) Cuidado, que los artistas tienen fama . . . (*Pausa.*) Te espero, Carnicero. No te demores. (*Sale afilando el cuchillo.*)

JOHNY. Vine porque quiero que nos reunamos de nuevo Los Cruzados.

CARNICERO. ¿Reunirnos . . . ? ¿Después de lo que pasó? ¿Después de tanto tiempo? ¿Para qué, el Johny?

JOHNY. Para volver a cantar.

CARNICERO. No debías proponerme esto, el Johny. Al menos a mí no. No sé a los otros. Ustedes se olvidaron de mí. El Leader me veía en la calle y se hacía él que no me había visto. No sé si porque él siempre se creyó mejor que todos nosotros o por un sentimiento de culpa. Y tú, ahora es que

apareces a verme después de tanto tiempo. Además ya
somos unos viejos. No me acuerdo de tocar el bajo. Lo
único que sé es cortar carne. Me paso todo el día picándola.
Hasta la Economía la he olvidado. Para lo único que me ha
servido es para contar los pesos que me gano vendiéndola.
¡Qué remedio! Con la Economía no podía mantener la casa
y el suegro siempre tenía que ayudarme a fin de mes. Eso es
una vergüenza, el Johny, porque uno es universitario, lo que
las circunstancias obligan. Parece que nada puede ser como
uno quiere. Mira mis dedos, mis manos. ¿Crees que puedan
tocar? Míralas, el Johny.

JOHNY. Si nos ponemos para lograrlo . . .

MUJER. Él no tiene tiempo para andar ahora jugando a la
música.

CARNICERO (regañándola). ¡Mary Carmen!

MUJER. Pero si es verdad, Carnicero. ¿A qué hora tú te
levantas? A las cinco para calentar el agua. Todos los días se
matan dos o tres puercos. De eso se vive en esta casa. ¿Qué
puede darnos la música? ¡Nada!

JOHNY. Lo único que quiero es cantar. Cantar una sola vez en
La Cavern.

CARNICERO. ¡¿La Cavern?!

JOHNY. El club donde tocaron Los Beatles. Hice una réplica
en mi garaje. Debías verlo, Zombi. Es una maravilla. Es
como si de verdad se estuviera allí y Los Beatles también
estuvieran. ¿Recuerdas lo que una vez nos prometimos?

CARNICERO. No sé. No recuerdo nada. Yo lo olvidé todo.

JOHNY. Juramos que si Los Beatles venían a Cuba íbamos a
cantarle. Lo prometimos. ¿Lo recuerdas? ¡Y ahora Lennon
está en La Habana!

CARNICERO. Es una estatua, no es Lennon. Una estatua de
mierda que no debían haber puesto nunca.

JOHNY. Algún día Lennon tenía que sentarse en La Habana.

CARNICERO. ¡Nunca! Eso no va a borrar las heridas de la
gente. (Pausa larga.) Sabes, Johny, no pude resistir ver a
Eladio el director del politécnico aplaudiendo en la
inauguración. Apagué el televisor por la rabia . . . (Pausa.
Mira fijo al JOHNY.) Y yo no puedo olvidar lo que pagué
por todos ustedes.

JOHNY. Nosotros también pagamos de alguna manera.

CARNICERO. No me hagas reír, el Johny. Tú sabes que ustedes los hijos de papá se salvaron de que los llevaran a donde sí fui yo.

JOHNY. Cada cual trató de resolver la situación.

CARNICERO. Pero fue a mí al que jodieron. Y tú lo sabes bien.

SUEGRO (*se asoma en la puerta y grita*). Carnicero: acaba de venir para terminar con este puerco. Ya está tieso. ¡Que no tenga que decírtelo más! (*Pausa. Mirándolo fijo.*)

MUJER. Anda, Carnicero, deja a este hombre, que papá se va a molestar. Y después tenemos que hablar . . .

CARNICERO (*grita. Indeciso. Molesto. Contrariado*). Ya voy . . .

JOHNY. Pero también hubo muchos momentos felices, El Zombi. Pudiéramos recordarlos por una sola noche. Pudiera ser el sábado. Responde . . .

MUJER. ¿No te dijo que no? Pues entonces no insista y váyase . . .

CARNICERO. ¡Mary Carmen! (*Pausa. Al* JOHNY.) Ir a otro concierto para que lo vuelvas a joder.

JOHNY. Lo que sucedió fue un impulso mío . . . Unos deseos de gritar, brother . . .

CARNICERO. Tú lo que estabas era . . . (*Hace un gesto que sugiere que estaba drogado.*)

JOHNY. No, no, brother . . .

CARNICERO. No jodas, el Johny . . . (*Afila el cuchillo desesperadamente.*)

JOHNY. Ése fue un pretexto para sacarnos de circulación y tú lo sabes . . .

SUEGRO (*se asoma en la puerta y grita*).Carnicero, que aún nos queda otro puerco por matar y mira la hora que es . . . El que tenemos en la mesa está tieso. Y a las doce hay que volver a salir. Y hoy el viaje es largo. Vamos, dale . . .

CARNICERO (*sigue afilando el cuchillo obsesionadamente*). Ya oíste, tengo que trabajar, el Johny.

JOHNY. Dame una oportunidad, brother.

CARNICERO. ¡¿Ahora?!

JOHNY. Olvidemos lo que pasó. Intentemos hacerlo, brother, y dame la respuesta rápido . . .

Le da una tarjeta. El CARNICERO *lo mira. Luego estruja la tarjeta con rabia contenida. La tira al piso.*

SUEGRO. Anda, apúrate, Carnicero. ¿Es que eres sordo, viejo? Bien sabes que a la hora del trabajo no me gustan las interrupciones. (*A la* MUJER.) Y tú, si lo vienen buscando le dices que no está. Te lo he dicho miles de veces.

Sale afilando el cuchillo. El sonido de los cuchillos afilándose pasa a un primer plano . . .

4 – La visita

La Cavern.

JOHNY (*por teléfono*). Por favor con Ana. Sí, con Ana. (*A* LENNON.) Ella es la mujer de El Leader. Siempre está en casa de su mamá porque él siempre está en el extranjero. El Leader era un gran músico. El mejor de todos nosotros, John. Él sí no me fallará como el Carnicero. Estoy seguro. (*Por teléfono.*) ¿Es Ana? ¿Cómo? ¿Que Ana vive en el extranjero? ¡No me diga! ¿Se quedó en París? ¿Y El Leader también . . . ? ¡¿No?! ¿Él está aquí? ¿Se pelearon? Pero, ¿y eso por qué? . . . ¿Qué pasó? ¿Cómo? ¡¿Cómo?! ¿Qué es lo que pasa? No oigo nada. No entiendo nada. Lo que oigo es una jerigonza. Hable claro para entenderla. ¡Que hable claro, señora! (*Cuelga. A* LENNON.) Parece que había un cruce, John. Todo era muy raro. Pero por suerte parece que El Leader de Los Cruzados está en casa de su madre, John. Eso me pareció oir.

Se escucha el sonido de un claxon que es una especie de música. El JOHNY *se asoma por la ventana. Descubre algo. Corre a esconder a* LENNON. *Abre la puerta.*

¡Tremenda visita en La Cavern! El George de Los Cruzados.

CARNICERO. No soy ningún George. Vine a decirte que no te aparezcas más por mi casa, que no me busques problemas después de tanto tiempo, que te pierdas de mi vida . . .

JOHNY. De acuerdo, de acuerdo, no iré más a tu casa. Pero ahora que estás aquí, vas a entrar a admirar el lugar extraordinario donde daremos el concierto de nuestras vidas.

CARNICERO (*va a marcharse*). Sólo vine a decirte esto. ¿No me oíste?

JOHNY. Espera: sólo quiero que lo mires y después . . . si quieres, te vas . . . Vamos, Juan Alberto.

CARNICERO (*duda, pero después definitivamente se decide a entrar. Por La Cavern*). ¡Es . . . Es . . . Maravilloso! Se parece mucho. ¿Cómo pudiste hacerla tan parecida?

JOHNY. Por las fotos que me envía El Marino desde Liverpool, brother.

CARNICERO. ¿El Marino anda por Liverpool?

JOHNY. Se perdió en el puerto. Pero no dejó de mandarme cosas de Los Beatles. Todo lo que tengo es gracias a él. (*Enseñándole sus archivos.*) Mira . . . Mira . . .

CARNICERO. Me parece que estoy allí. Es como un sueño. Es como si hubiera vuelto a aquel momento en que empezamos a ensayar la música de Los Beatles. Como si de nuevo estuviera escuchando los discos que se rayaban de tanto oírlos para después cantar su música. Es como si hubiera recordado de pronto la primera vez que salimos en público en el escenario del politécnico con nuestras chaquetas de curdoroy y la gente nos aplaudió hasta enrojecer las manos. La primera vez, cuando Eladio el director nos aplaudió también, porque no sabía qué era lo que cantábamos, porque cuando se enteró no dejó que más nunca nos presentáramos . . .

El JOHNY *aprovecha la ocasión y pone 'Yellow Submarine'.*

¡Mi canción preferida!

Se escucha el sonido de un claxon.

No debí haber venido.

El JOHNY *le enseña los instrumentos. Asombrado al verlos.*

Es fantástico, sensacional como lo guardaste todo. Éste es mi bajo inventado . . . ¡Mi querido bajo!

Él lo acaricia, lo toca, se siente extasiado con ellos. Vuelve a escucharse el sonido del claxon.

Ya tengo que irme . . .

JOHNY. ¿Vas a volver? ¿Vamos a hacerlo? ¿Me prometes que vamos a hacerlo, brother?

CARNICERO. Anoche no dormí, el Johny. Tu visita me recordó muchas cosas. Algunas que quería olvidar. Que pensaba las había olvidado.

JOHNY. Entonces, ¿vas a unirte a mi idea?

CARNICERO (*contrariado, inseguro*). Este trabajo no deja tiempo para nada, el Johny. Andamos de pueblo en pueblo buscando puercos para matar. A veces salimos de madrugada y regresamos de madrugada. Estamos cerca del fin de año. Una buena época para hacer dinero. Eso es lo que más me importa ahora. ¡Ganar dinero! Se pasa trabajo, haces lo que no te gusta, pero no te falta nada de lo que quieres comprar, puedes salir con la familia y sentarte en algún lugar agradable. ¡Todo lo que no podía hacer cuando trabajaba en el banco! Trabajaba con dinero, lo tocaba todos los días, lo sentía entre mis dedos, y a mí no me alcanzaba ni para comprarme un par de zapatos. Antes de empezar en esto tenía unos que heredé de mi tío que había muerto. ¡Los zapatos de un muerto! Un día me dije, el día en que me decidí a dejarlo todo: 'Lo siento, Juan Alberto, pero tú estudiaste en la universidad y mereces otra cosa en los pies.' Yo no sé si estoy equivocado. No lo sé. Pero me parece que hay que vivir.

JOHNY. Pero el concierto lo podemos hacer en poco tiempo, brother. ¡Dos días! En dos días podemos tocar al menos tres canciones. O una sola. Hacerlo será algo inolvidable. Los Cruzados después de viejos unidos de nuevo para cantar en La Cavern una canción a Los Beatles, a Lennon.

Vuelve a escucharse el claxon. Insistente.

CARNICERO. Tengo que irme, el Johny. Quiero darme una buena ducha. Y restregarme. Restregarme hasta que se me olvide la peste. Rasparme . . .

JOHNY. Si lo hacemos les daré otra sorpresa . . . Una sorpresa sensacional, brother . . . Algo que se merecen Los Cruzados . . . Te quedarás con la boca abierta. Te lo juro. Respóndeme . . .

MADRE (*se para en la puerta*). Escuché ese pito que no deja escuchar la televisión y quise saber quién era . . .

JOHNY. Es mi vieja. La única que me comprende. A regañadientes, pero me comprende. Es El Zombi . . .

CARNICERO. No me digas más El Zombi delante de la gente. Ya no soy el Zombi. No lo seré nunca más . . . (*Pausa.*) Eso ya pasó el Johny.

MADRE. ¿El Zombi? ¿Y aceptó?

JOHNY (*malicioso*). Aún no.

Se escucha de nuevo el pito.

CARNICERO (*grita molesto*). Ya voy . . . (*Al* JOHNY. *Por el* SUEGRO.) No me deja tranquilo. (*Pausa.*) No creo que puedas reunirlos, el Johny . . .

JOHNY. ¿Y tú?

El CARNICERO *lo mira fijamente. Sale.*

MADRE. ¿Se lo enseñaste? ¿Le dijiste al Zombi que tenías a Lennon en la casa?

El JOHNY *niega.*

Es una locura lo que haces. Es comprometer a otros con tu locura.

JOHNY. Estoy seguro que me entenderán. Se alegrarán de tener a Lennon en el concierto. Los conozco.

MADRE. Nunca los conociste.

JOHNY. Pensábamos igual.

MADRE. Hasta un día.

JOHNY. Prometo que al menos por ahora esconderé a Lennon. Si todo sale bien, a más tardar el sábado tocaremos. ¿Está bien, mamá?

MADRE. ¿El sábado? El sábado es mucho tiempo. Están pidiendo colaboración por las cuadras para que den información si saben algo, si han visto sospechosos. Tu padre fue el que dio la reunión en el barrio. No duermo tranquila. Me vas a matar, Manuel. Ya estoy muy vieja para estos sustos. Eso es un robo aunque tú creas que es un sueño.

JOHNY. Dije que lo devolveré.

MADRE. Pero si te cogen antes, ¿quién te va a creer lo del sueño?

JOHNY. No me importan que me crean. Sólo me importa sentir que es verdad que voy a hacerlo.

MADRE. Por aquí a veces pasan gentes. Olvida esa idea, hijo. Ya tuviste la visita de Lennon en casa. Con eso es suficiente. Hazme caso, por favor . . .

JOHNY. No pasará nada, mamá. Si lo hago podré morirme mañana.

MADRE. ¿Qué locuras son ésas, Manuel? No digas esas cosas. Sólo te pido que pienses bien lo que estás haciendo . . . Piensa como el hombre maduro que debías ser. (*Sale.*)

JOHNY (*a* LENNON). Siempre la vieja ha sido así, John. Desde que yo era un chamaco. Son preocupaciones de cualquier madre. No pasará nada, brother. Nadie podrá descubrirnos. ¡Nadie! Vamos a salirnos con la nuestra, Lennon, y daremos el concierto juntos, antes que puedan hacerlo en el parque . . . Éramos los primeros en cantar tus canciones, brother, y nadie se ha acordado de nosotros. Los Cruzados fuimos los primeros, John. Confía en mí. Y si se niegan John, tienes que ayudarme. Échame una mano. Mira John, brother, lo siento pero es mejor esconderte ahora. Es una manera de evitar que nos den problemas. Tienes que entenderme, brother.

Lo mete en un hueco y lo cubre. Enciende el tocadiscos y pone música cubana.

¿No has tenido la oportunidad de escucharla? ¿Sí? Pues claro . . . Aquella vez que me dijiste fuiste disfrazado a La Bodeguita del Medio para que no te conociera nadie. Oye, ¿no estás enfadado conmigo, brother? Júramelo, brother, júramelo.

5 – El Leader

La Casa-Hospital. Muchas sábanas tendidas que llenan el escenario . . . una madre, MACHUCHA, *exprime las sábanas . . . El* JOHNY *está parado dentro de la casa, observándola . . .*

MACHUCHA. Un día no podré más con estas sábanas orinadas. Las manos se me cansan. A veces no puedo exprimirlas porque se me entumen. ¿Quieres ayudarme? Dale, muévete . . .

JOHNY. ¿Y esas sábanas de quién son . . . ?

MACHUCHA. ¿De quién . . . ? (*Va a decir algo pero se calla. Al* JOHNY *que se acerca para ayudarla.*) ¿Y esa mueca? ¿Apestan? Lo sé . . . Todos los días las lavo. ¿Te da asco? Es normal. Este olor le revuelve a una el estómago. Hay veces que no puedo ni comer. (*Pausa en que tiende la sábana.*) Recuerdo ese grupo. No puedo olvidarlo aunque quiera. La convulsa etapa de los sesenta. Los años en que Alfredo era un muchacho muy inquieto y rebelde. (*Pausa.*) Un grupo muy malo . . . (*Le da una sábana para que le ayude a exprimir.*)

JOHNY. ¡¿Muy malo?! No diga eso. Éramos un buen grupo. El mejor de todos los de la ciudad.

Exprimen las sábanas.

MACHUCHA. ¡Te lo digo! Por suerte Alfredo abandonó esa idea del rock. Nunca me arrepiento de haberlo metido en la banda de música del ejército. Allí fue donde entró en caja. El rock no ha prosperado nunca en este país. Imagínate que tan pronto Alfredo se apartó de ese grupillo y creó el otro grupo, fue reconocidísimo. ¿Sabías que viajó por Londres, Singapur, Japón, Suecia? Tiene fotos de esos lugares. Por ahí guardo las críticas que le hicieron al grupo en varios periódicos. Y alaban a Alfredito. Dicen que tenía una voz maravillosa y era un magnífico guitarrista. (*Pausa.*) Él no va a conocerte.

JOHNY. El Leader, ¿a mí? Éramos como hermanos. Él dormía encima de mi cama. Yo fui quien le descubrió la música de Los Beatles. Los dos decidimos armar el grupo. El Leader fue quien le puso el nombre de Los Cruzados. Amaba al rock.

MACHUCHA. ¿Lo amaba? ¡Nunca! Ésas fueron pasiones de la juventud. Lo de él era otra cosa.

JOHNY (*pausa*). ¿Puedo verlo?

MACHUCHA. No lo vas a conocer.

La ENFERMERA *aparece con un hombre sentado en un sillón de ruedas, inmóvil.*

ENFERMERA. Ya lo bañé. Se portó de lo mejor conmigo. ¿No es verdad, Alfredo? Le eché hasta perfume del que le gusta.

MACHUCHA. Ella es la enfermera que me ayuda a cuidarlo para poder trabajar. Imagínate, no es fácil mi situación.

JOHNY (*sorprendido*). ¿Ése es él?

MACHUCHA. Él . . .

JOHNY. Pero si hace cuatro meses yo lo vi y estaba de lo mejor . . . ¿Hace cuatro meses . . . ? ¿Entonces esas sábanas son de él? ¿Y por qué no me dijo nada? ¡¿Qué tiene El Leader?!

ENFERMERA. Un . . . Derrame cerebral . . .

JOHNY. ¡¿Un derrame cerebral?! ¿Pero cómo fue eso? ¿Cómo?

ENFERMERA. Estaba en una de sus giras, tocando y . . .

JOHNY (*abatido*). No, no puede ser que esto suceda ahora. (*Pausa.*) ¿Entonces, no se va acordar de mí? ¿No se va acordar del grupo?

MACHUCHA. Ni lo intentes. Se alterará . . .

JOHNY. No puede ser que no me conozca. El Leader es mi brother.

ENFERMERA. Inténtelo.

MACHUCHA. No, no, déjelo tranquilo . . . Ya le dije que no recordará . . . No recuerda nada. A veces ni me reconoce. Es él y no lo es. Sólo mira las paredes, se pierde en ellas . . .

ENFERMERA. Déjalo que pruebe . . .

JOHNY (*acercándose a él. Muy tierno*). ¿No me recuerdas, El Leader?

EL LEADER *permanece inerte.*

Soy el Johny . . . ¿Recuerdas el politécnico?

EL LEADER *permanece inerte.*

¿Y a Los Cruzados? ¿No lo recuerdas? ¿No recuerdas como me decías: 'Eh, Johny, no eres bueno cantando, pero yo te protejo aquí en la retaguardia.' Y si nos poníamos a creernos cosas: 'Eh, dejen de hacerse las estrellas.' Eras un gruñón. Y con la guitarra, ¡un batazo! ¿Eh, brother? ¿Recuerdas? ¡Tu guitarra! ¿Recuerdas? ¿Recuerdas tu primera guitarra? La tengo como un recuerdo en mi casa. Yo te lo dije, brother. Nunca quisiste verla, te empecinaste en no verla, pero ahora . . .

MACHUCHA. Ni un solo gesto.

JOHNY. Vine a buscarte para cantar con los otros.

MACHUCHA. ¿Pero es que no ve como está? ¿No se da cuenta? Le va a hacer mucho daño. Y él no puede ir a ningún lugar. Quiero que esté conmigo en su cuarto. ¡Quieto en su sillón de ruedas . . . !

ENFERMERA. ¡Quién sabe si puede hacerle algún bien . . . !

MACHUCHA. ¡Ninguno!

JOHNY (*saca unas fotos*). Somos nosotros. Éste soy yo. Éste es El Zombi. El de la derecha es El Escorpión. Y éste eres tú. ¿Nos reconoces? ¿Reconoces a Los Cruzados?

EL LEADER *permanece inerte.*

MACHUCHA (*al* JOHNY). No recuerda nada. ¿Es que no comprende?

JOHNY. ¿Pero recuerdas a Los Beatles? No me vayas a decir que no recuerdas a Los Beatles. (*Pausa.*) ¿No?

MACHUCHA. El nunca más escuchó esa música. Era como si no le interesara.

JOHNY. Le interesaba. Una vez me dijo que no quería frustrarse como músico. Y su vida era la música. Por eso creó el otro grupo . . . Tú no eras como yo, El Leader, brother, pero yo por seguir empeñado con el rock no he sido más que eso: un amante testarudo del rock . . .

MACHUCHA. A él no se le puede hablar tanto. Él no comprende. Ayúdame, Enfermera. El médico ha dicho . . .

JOHNY. ¿Tampoco recuerdas cuando celebramos lo que dijo Lennon sobre Los Beatles y sobre Cristo? Cantamos aquellas canciones y encendimos velas y escribimos en la pared del tanque del agua, brother. ¡Vivan Los Beatles! Tienes que recordar, brother. Esas canciones eran como himnos para nosotros. ¿Y cuando nos analizaron por celebrar esto? Yo grité, grité mucho. ¡Viva Lennon! ¡Viva Diós! ¡Los embarqué! Siempre dijeron que yo había llevado los pitos . . .

EL LEADER *se mueve, imperceptible en su silla, estremecido por una agitación interna.*

MACHUCHA. Cállese que lo va a alterar . . . No hable de esas cosas. No hable. Y no llore delante de él.

JOHNY. ¿Lo has olvidado todo? ¿De verdad, Leader?

MACHUCHA. Los que no tienen problemas lo han olvidado, ¿por qué él va a recordarlo?

JOHNY. Porque un espíritu roquero nunca muere.

MACHUCHA. No siga llorando. (*A la* ENFERMERA.) Dígale que salga . . .

ENFERMERA. Si llora tiene que salir . . .

JOHNY. ¿Recuerdas, brother? Ana se enamoró de ti en aquel concierto por esa canción que le dedicaste.

EL LEADER *empieza a llorar. Y toca sobre el brazo del sillón, frenético.*

MACHUCHA (*al* JOHNY). ¡¿Está loco?! No mencione en esta casa a esa mujer que lo abandonó en el aeropuerto de Paris. A esa mujer que lo abochornó y echó a perder el concierto que iban a dar en Suiza. Se lo dije: no la metas en el grupo. Esa mujer acabó con él. Por ella le dio el derrame cerebral. Por ella . . . ¡Nunca me equivoqué! ¡Nunca . . . !

EL LEADER *parece que quiere decir algo, pero no puede. A la* ENFERMERA.

Ahí lo tiene. Dije que lo iba a alterar. Se lo dije y ahora usted se va para el policlínico y es a mí quien me toca quedarme con él. El médico dijo que podía repetirle . . . ¿Lo dijo o no lo dijo? Usted va a ser la responsable . . . Y me voy a quejar donde sea . . . (*Al* JOHNY.) Salga . . . ¿No me oyó? ¡Salga . . . !

El JOHNY *va a salir.*

JOHNY. Yo no sabía, yo . . .

EL LEADER *mueve suavemente una mano. Toca el brazo del sillón, tratando de llamar la atención* . . .

(*Dándose cuenta. Regresa. Pausa en que observa al* LEADER.) ¿Quiere decir algo? ¿Dijiste algo, brother

EL LEADER *intenta comunicarse con movimientos muy sobrios, imperceptibles, contenidos* . . .

ENFERMERA. Se ha movido, Machucha.

MACHUCHA. ¡¿Se ha movido?!

ENFERMERA. Habla, Alfredo. Habla . . . Vamos . . .

EL LEADER *intenta tocar con cierto ritmo en el brazo del sillón de ruedas. Son movimientos desordenados, tensos* . . . *Que definitivamente no logra.*

JOHNY (*abrazándolo*). El Leader, el alma de Los Cruzados. Mi socio . . . ¿Recuerdas? Dime: ¿lo recuerdas todo?

MACHUCHA. ¡Ay, mi hijito se movió! Hacía más de tres meses que no decía nada. Ni una sola palabra. Ni una sola. Y ahora . . .

LEADER. Ree . . . cuerrr . . . doooo . . .

JOHNY. ¿Me escuchaste, socio? ¿Me escuchaste, brother? ¿Vas a ir con Los Cruzados a cantar? ¿Vas?

MACHUCHA (*a la* ENFERMERA). ¿Puede ir? ¿Puede?

EL LEADER *golpea el brazo del sillón, lo golpea, lo golpea . . . Es un golpe esperanzador, que excita a todos. Un golpe seco y definitivo . . .*

6 – El secreto descubierto

La Cavern . . . La MADRE *está parada en la puerta. El* PADRE *registra el garaje con una pata de cabra en la mano. No parece encontrar nada. Descubre el hueco. Levanta la tapa. Deja la pata de cabra y empieza a sacar a* LENNON. *La* MADRE *lo ayuda. Después lo cubren con una manta. Van a salir . . . Entra el* JOHNY.

JOHNY. ¿Qué hacen ustedes en La Cavern? ¿Cómo entraron? No tienen derecho a entrar así en mi casa.

PADRE. Déjate de hablar mierda, Manuel. Éste es el garaje de mi casa. Y dentro de mi casa tenías a este tipo que voy a sacar de aquí y dejar en algún lugar.

JOHNY (*a la* MADRE). ¿Por qué se lo dijiste? ¿No pudiste callarte hasta el último día? ¿No comprendiste lo que iba a hacer? Me lo prometiste.

MADRE. Desde que Lennon está en esta casa no duermo. ¿Vas a volverme loca? No he hecho más que tomar pastillas . . . Tuve que decírselo o iba a reventar.

JOHNY. Voy a devolverla cuando termine el concierto, viejo.

PADRE. No habrá ningún concierto.

JOHNY. Habrá, porque reuniré a todos los brótheres. Hasta El Leader en su sillón de ruedas vendrá a La Cavern.

MADRE. ¡¿En su sillón de ruedas?! ¿Qué le pasó a Alfredo?

JOHNY. Está enfermo. ¡¿No imaginas cómo me siento?! No le voy a hacer esto ahora. Prometí traerlo a La Cavern. (*Al* PADRE.) Deja a John Lennon. Él es mi huésped. Mi mejor amigo. He pasado mis mejores tiempos con él. Ha sido una de las pocas personas que me han entendido. No voy a dejar que malogres otro de mis sueños.

PADRE. Lo malogro porque no quiero que caigas preso, hijo.

JOHNY. No pasará nada, viejo.

MADRE. Pasará. Lo sabes.

PADRE. Claro que pasará. Siempre sucede contigo desde que eras un muchacho. Acuérdate que te salvaste de ir a la UMAP por las gestiones que hice con mis amigos.

JOHNY. Y te lo agradezco, brother.

PADRE. Pues ahora la policía está buscando al ladrón. No lo dicen en ninguna parte. Tú sabes que los periódicos se lo callan todo para ayudar a la investigación, pero lo hacen. Todo el mundo está sobre la pista. Y te van a encontrar. Y éste que está aquí no va a meter sus manos si no me escuchas ahora. No voy a buscarte un certificado como que tienes problemas en los nervios igual que la otra vez.

JOHNY. Y tampoco lo quiero, papá.

PADRE. De acuerdo. Pero creo que tú debías pensar que les has quitado la posibilidad a todos de admirar a Lennon sentado en ese parque. Y eso es grave, Manuel.

JOHNY. Es mi problema. ¡El mío! Es como cumplir con un sueño que siempre quise, brother. Una de esas locuras que uno desea hacer cuesten lo que cuesten, brother. Aunque para muchos sea una equivocación. Aunque de verdad esté equivocado. Aunque sea tomado como un ladrón. Pero no lo soy, brother. Sabes que no soy un ladrón.

PADRE. ¿Y los jabones?

MADRE. ¡Ay, Manuel, pero si hasta tus nietos viven en esta casa de los jabones!

PADRE. En contra de mi voluntad.

JOHNY. ¡Soy un músico!

PADRE. ¡Músico, músico! Eres el custodio de una jabonería. Eres una basura, un tipo al que las mujeres no le aguantan, porque no ha madurado nunca, porque la condición de tu vida ha sido convivir con estos homosexuales metidos en este garaje de mi casa.

JOHNY. No digas eso de Los Beatles delante de John.

PADRE. Lo digo delante del extranjero. ¿Y qué? Y lo digo de todos esos peludos que vienen a escuchar música y a cantar en este lugar.

JOHNY. No todos son peludos.

PADRE. Pero son . . .

MADRE. No le digas eso a Manuel.

PADRE. Se lo digo delante de ti, Lennon.

MADRE. No puedes decir eso de mi hijo. No permito que lo digas.

JOHNY. ¿Ves lo que te dije, John? Él nunca ha podido entender a la gente, brother.

PADRE. Yo sé que nosotros no nos vamos a entender, John, pero para mí los hombres piensan diferente y se visten diferente. Nada de aretes. Nada de tatuajes. ¡Se visten como hombres! Los hombres no pueden estar pensando en cuatro músicos americanos y haciendo de ellos el centro de sus vidas.

JOHNY. No son americanos. Son ingleses, brother. Acaba de metértelo en la cabeza.

PADRE. De donde sean. En este país hay muchas gentes a los que hay que admirar. Hombres verdaderos. Hombres sin manchas. Hombres que se sacrificaron por los sueños de todos nosotros . . .

El JOHNY *aplaude burlón.*

No permito que . . .

JOHNY. Lo que pasa es que uno debe tener la libertad de admirar a quien uno desee, brother.

PADRE. No me digas más brother. (*Pausa.*) Quisiera quemar este lugar. No tiene nada que ver con la otra parte de la casa. Es como si lo que te hubiera enseñado toda la vida hubiera sido por gusto. (*Pausa.*) A veces me avergüenzo de ti. (*Va a salir llevándose a* LENNON.)

JOHNY. Te dije que no vas a llevarte a Lennon.

MADRE. Eso es lo mejor que pueda sucederte, Manolito. Tu papá se lo va a llevar para dejarlo sentado en cualquier parte. Alguien debe encontrarlo y así no te pasará nada. Y tu papá no se verá en una situación así. Evita problemas . . .

JOHNY. Ésa es mi responsabilidad, vieja. Soy un adulto. Un hombre mayor. Debes saberlo de una vez, viejo. El padre de dos hijos. Quise ser músico y cantar lo que me gustaba, brother. Pude incluso cantar otra cosa pero siempre persistí en hacer lo que de verdad quería. Aunque nunca tuviera los instrumentos que de verdad se necesitan. Aunque no me dieran un local para ensayar. Aunque a todos les molestara nuestra música y nos echaran atrás la policía. Aunque nos silenciaran. Ésa es la música que siento. Y ésa es la que me interesará siempre. Entiéndelo de una vez y para siempre. Ahora quiero hacer algo y no voy a desistir, brother . . .

MADRE. Pero eres nuestro hijo.

PADRE. Siempre serás nuestro hijo.

JOHNY. No voy a dejar que saquen a John de La Cavern. No voy a dejar . . .

MADRE. Manuel: no te pongas así. Compréndenos. Lo hacemos por tu bien y por el de tus hijos . . .

JOHNY. Ya ellos son unos hombres y yo los he mantenido hasta ahora. Éste es mi problema. Y yo les digo que quiero cantarle a Lennon con Los Cruzados. Él está esperando ese momento. Díselo, brother. Díselo, Lennon, a ver si el viejo se tranquiliza.

PADRE. ¿No lo ves, María? No cambia. Se comporta igual que cuando era un muchacho. Pues quiero decirte que no le cantarás.

JOHNY. Mamá: dile al viejo que deje a Lennon. Díselo . . .

PADRE. Aunque seas un hombre tienes que obedecerme. (*Va a salir. El* JOHNY *se le interpone.*)

JOHNY. No voy a obedecerte ahora. Ya te obedecí cuando me abochornaste cuando era un muchacho por tocar una música que me gustaba. Cuando me dijiste muchas cosas delante de aquel director que nos acusó de diversionismo ideológico y la semana pasada estaba aplaudiendo en la inauguración de la estatua de Lennon. ¿O es que no lo viste? Cuando me diste aquella bofetada que no he olvidado. Cuando apoyaste a los que nos rompieron los instrumentos que habíamos

armado. A los que me obligaron a cortarme el pelo. (*Pausa.*)
Dámelo, brother . . .

MADRE. Deja a tu padre . . .

PADRE. Tienes que obedecerme . . .

MADRE. Hazle caso . . .

El PADRE *y* JOHNY *forcejean. Se empujan. El* PADRE *cae.*

PADRE. Tienes que hacerme caso . . . Déjame salir con
Lennon . . .

JOHNY. ¿Qué vas a hacer? ¿Golpearme? No te atrevas . . .

MADRE. No, no discutan así. Manolón: ¡que es tu hijo . . . !

PADRE. Quítate del medio . . .

MADRE. ¡Ay, Dios Santo! Van a escuchar la gritería . . .

PADRE. Quítate . . .

JOHNY. ¿Vas a matarme? ¿Eh, viejo? ¿Vas a hacerlo?

MADRE. La misma historia de siempre . . .

El JOHNY *toma una caja de jabones y la pone delante del
padre.*

JOHNY. ¿O vas a acusarme a la policía? ¿Eso? ¿Vas a decir
que tengo a Lennon aquí? ¿Vas a decirlo? ¿Vas a apoyarlo,
mamá?

MADRE. ¡¿Yo?!

JOHNY. Responde. Salgan y acúseme si es lo que desean . . .
Vamos . . .

Pausa larga. Muy larga en que el PADRE *empieza a poner
a* LENNON *en el piso . . .*

PADRE. Está bien, Manuel, pero si no lo entregas en
veinticuatro horas, yo mismo voy a ir a la policía . . .

7 – El Escorpión

Un PERRO *y su dueño:* EL ESCORPIÓN. *Un* JOVEN *vestido
de friki. El* JOHNY *está frente a ellos como un espectador.
El* PERRO *ladra. Después le toca en el cuello y el* PERRO
empieza a buscar. Llega hasta los pies de el JOHNY, *se
detiene. Olfatea. Le ladra. Rabioso. El* JOHNY *se asusta.*

EL ESCORPIÓN. Eso es, Sansón. ¿Estás asustado, roquero? Si quiero ahora mismo le doy una orden y pone sus patas sobre tu pecho. Quieto, Sansón. Quieto . . . Tranquilo, roquero. No te asustes. (*Transición.*) Mira, Johny, para mí, Eladio, el director del politécnico, tenía razón.

JOHNY. Ése es un hijo de puta.

EL ESCORPIÓN. No, chico, no; las cosas que suceden hay que comprenderlas. La década de los sesenta era muy convulsa. ¡Imagínate, nosotros cantábamos en inglés! Tú sabes como se ponían con el problema de la identidad. Aquélla era la época en que nos atacaron por Girón, la crisis de los mísiles. ¡No quiero acordarme de eso! ¿Tú sabías que hasta los americanos se opusieron a Los Beatles? Vaya, que los padres empezaron a decir que si las melenas, que si las minifaldas y la música venía de Rusia. ¡Ya tú sabes! ¿No sabías eso? Ahhh . . . Y eso que eres un fanático. Mira, el Johny, la verdad, la verdad es que nosotros nunca íbamos a ser un buen grupo.

JOHNY. No digas eso. ¿Quién sabe lo que pudimos ser, brother? ¡Nadie! Éramos unos muchachos con muchos deseos de triunfar. Tú mismo eras un buen baterista.

JOVEN. ¿Tú, papá? ¡Qué raro!

EL ESCORPIÓN. Eso nos creíamos . . . Pero no te engañes, el Johny, mi talento era para otra cosa. Ésa fue una etapa de la juventud. Una etapa linda. No digo que no, pero cómo decirte: definitivamente efímera.

JOHNY. No estoy de acuerdo contigo . . .

El PERRO *ladra, casi ataca al* JOHNY.

Ey, ey, echa ese perro para allá.

EL ESCORPIÓN. Sansón, quieto. Quieto . . . (*Al* JOHNY.) Se molesta así cuando alguien me contradice en algo. Repite lo que dijiste para que veas . . . Anda, hazlo . . .

JOHNY. Que no estoy de acuerdo contigo.

El PERRO *ladra.*

EL ESCORPIÓN. Te lo dije. Se enfurece cuando me contradicen.

JOHNY. Pues dile que se eche para allá . . .

EL ESCORPIÓN. Hijo: llévate a Sansón.

El JOVEN *sale con el* PERRO.

JOHNY. Que si no nos llegan a tronchar hubiéramos sido unos de los mejores grupos de Cuba, brother. Si no me mires así, Escorpión. Estoy seguro de que hubiéramos hecho una música original. Nuestra propia música. Tal vez con influencia de Los Beatles, que tú sabes lo hicieron en mucha de la mejor música cubana. Los primeros en cantarla, en promocionarla en vivo. Los primeros en volver loca a la gente con ella.

EL ESCORPIÓN (*pausa larga*). ¿Y por qué tú no lo lograste?

JOHNY. ¡¡¿Yo?!

EL ESCORPIÓN. Sí, tú . . .

JOHNY. Todo el mundo se fue por su lado.

EL ESCORPIÓN. Porque tú acabaste con el concierto por tu gritería.

JOHNY. No me vayas a decir que sólo yo estaba tocado, porque todos lo estaban . . .

EL ESCORPIÓN. Nunca fumé esas cosas. Lo mío eran unos tragos en las fiestas, pero eso no . . .

JOHNY. Pero yo lo hice muy pocas veces.

EL ESCORPIÓN. Pero aquel día te pasaste, el Johny.

JOHNY. Pero no fui el que llevó los pitos.

EL ESCORPIÓN. Yo sé que siempre fue El Leader el que los llevó.

JOHNY. ¿Lo sabías?

EL ESCORPIÓN. Era mejor que pensaran que fuiste tú, a ti era más difícil que te jodieran, porque tu papá siempre te iba salvar. Y tenía razón. Enseguida hicieron las gestiones y ni al EJT te mandaron como a mí . . .

Pausa muy larga en que se miran fijamente.

Y tú . . . ¿Por qué en todo este tiempo no creaste tu propio grupo? ¡Otro grupo!

JOHNY. Porque me sentí derrotado con lo que le pasó. ¡Incomprendido! Uno se vuelve loco. El mismo Leader me llamó un día para que fuera a tocar son para su grupo. Podía haber triunfado, junto con él, pero le dije que no. Lo mío siempre fue el rock. Yo creé muchos grupos.

EL ESCORPIÓN. ¿Y . . . ?

JOHNY. Todos fracasaron por una cosa u otra, brother. Que si los instrumentos, que si los locales, que si a nadie les importaba lo que cantábamos. ¡Tú sabes bien . . . ! Me cansé de luchar. Tal vez otros tuvieron mejor suerte. De hecho tal vez la tuvieron.

EL ESCORPIÓN. Porque no tenías talento.

JOHNY. No me digas eso . . .

El PERRO *ladra.*

EL ESCORPIÓN. Calla a Sansón. (*Pausa.*) Te lo digo, el Johny . . . Y definitivamente le echas la culpa de tu fracaso a los demás.

JOHNY. Tenía talento. Sé que tengo talento. Sabes lo que me dijeron los que me vieron tocar y cantar. El mismo Leader me lo decía, brother. Y El Leader sabía de música.

El JOVEN *entra.*

JOVEN. ¿Y mi batería dónde está, papá?

EL ESCORPIÓN (*mira al* JOVEN *y no le responde. Al* JOHNY). No jodas, Johnny. ¿En qué trabajas?

JOHNY. De custodio en una jabonería.

EL ESCORPIÓN. ¿Ves? No progresaste. Sin embargo a mí me quitaron la militancia, y luego a cortar caña, pero me levanté. Siempre trabajé mucho. No me perdí ninguna movilización, ninguna recogida de café. Y mira dónde estoy: tengo un buen trabajo y hago lo que me gusta.

JOVEN. ¿No oíste, papá? Te pregunté por mi batería. Estaba en mi cuarto y quiero irme a ensayar.

EL ESCORPIÓN (*mira al* JOVEN *y no le hace caso*). No tenías madera de músico, el Johny. Olvídalo. Mira, chico, la verdad, la verdad es que a mí no me importa reunirme a cantar canciones de Los Beatles en La Cavern. ¿Es así como le llamas al garaje de tu casa? ¿No? ¡Verdad que hay cada gente! Estás estancado.

JOVEN. ¿No me estás oyendo, papá?

EL ESCORPIÓN (*al* JOVEN). La guardé en mi cuarto y no la vas a sacar de ahí . . . Y ahora estoy hablando con el compañero.

JOVEN. Voy a armar mi grupo.

EL ESCORPIÓN. No vas a andar con esos tipos con aretes y tatuajes cantando esas canciones que parecen salidas de no sé dónde.

JOVEN. Voy a cantar. Me están esperando afuera. No voy a quedar mal. Ésta es mi última oportunidad, porque sino se la darán a otro y quiero que me saques la batería de tu cuarto o voy a romper el cerrojo.

EL ESCORPIÓN. Esa batería te la regalé con mi dinero para que tocaras otro tipo de música. Y si no lo haces la esconderé en mi oficina.

JOVEN. No vas a hacerme eso.

El PERRO *ladra.*

EL ESCORPIÓN. Lo voy a hacer y estoy hablando con el compañero. (*Pausa. Al* JOHNY.) No tengo tiempo para eso, el Johny. No tengo tiempo para reunirme a cantar. Estoy súper ocupadísimo con reuniones, informes, inspecciones. ¿Verdad, Sansón?

El PERRO *ladra.*

JOHNY (*va a salir. Deprimido*). Lo siento, Escorpión. Siento no reunir a Los Cruzados, brother. Siento que algunos no recordemos ese momento de nuestras vidas. Que no les importe como me importa a mí, brother. Y lo siento por ese muchacho.

El JOVEN *lo mira.*

EL ESCORPIÓN. Yo también lo siento por ustedes, el Johny. De todos modos les das recuerdo a todos.

JOHNY. Sólo nos quedan dos y el espíritu del Leader. Y tú que te has vuelto un . . . (*Va a salir de nuevo.*)

EL ESCORPIÓN. ¿Sabías que se robaron la estatua de Lennon?

JOHNY. ¡¿Qué dijiste?!

EL ESCORPIÓN. A Lennon, el del parque del Vedado.

JOHNY. ¡No jodas!

EL ESCORPIÓN. ¿Seguro que no lo sabías? ¿No lo sabías, con lo que significa Lennon para ti? ¿Es que no recuerdas lo que lloramos cuando lo mataron?

Pausa en que se escuchan cuatro disparos simbólicos.

Ese día hablamos por teléfono, el Johny. Fue el día que más hablamos en nuestras vidas después de que se jodió el grupo.

JOHNY. No, no sabía lo del robo.

El PERRO *ladra con furia.*

EL ESCORPIÓN. Tremendo rollo se va a buscar el que lo hizo. Lo están buscando como cosa buena. Un socio mío que trabaja en la policía me dijo que encontraron las gafas de Lennon. Las tenía un custodio.

JOHNY (*sorprendido*). ¡¿Un custodio?!

EL ESCORPIÓN. Eso me dijo, creo. De un momento a otro le van a echar el guante. De eso puedes estar seguro.

El PERRO *ladra.*

Sería bueno que lo devolvieran pronto . . .

JOHNY. Hace falta que suceda. Es un desagravio a Lennon.

EL ESCORPIÓN. ¡Jodidos ladrones! (*Pausa larga en que lo mira recriminándolo.*)

JOVEN. Tal vez Lennon salió a caminar.

EL ESCORPIÓN. ¿A caminar? ¿De qué hablas?

JOVEN. A él le gustaba salir a pasear inadvertido entre la gente. Se divertía mucho en hacerlo. Se hacía pasar por taxista para poder ser el mismo.

EL ESCORPIÓN. No jodas. No sabes nada de Los Beatles. Dejen de soñar.

El PERRO *ladra.*

JOHNY. Tal vez fue eso, muchacho.

EL ESCORPIÓN. No jodas tú también, el Johny. Ése es un problema grave.

JOVEN. Debe ser lindo que alguien se haya llevado a Lennon para salir a pasear con él por La Habana. Cuántos no hubieran querido que Los Beatles vinieran a La Habana. (*Mira al* JOHNY, *complicidad entre ellos.*)

EL ESCORPIÓN (*los sorprende, pero no dice nada*). Eso es un robo aquí en Cuba y en Londres, en Roma y en Río de Janeiro. Robar una estatua que es un símbolo. ¿Pero dónde tú tienes la cabeza? ¿Dónde? ¿Dónde la tienen los dos? ¿Sabes lo que significó poner esa estatua de Lennon? ¿Tú sabías que hay quienes no están de acuerdo con ella? ¿Lo sabías? ¡¿No?! Y más, que acabaron con el concierto que iban a dar el domingo . . . ¡Hay que estar loco! (*Pausa.*) ¡No jodan . . . !

El PERRO *ladra incesantemente. El* JOHNY *sale.*

¡Pero lo cogeremos . . . !

El JOVEN *entra en la casa.*

Y tú, ¿a dónde vas, Ringo? No vas a coger la batería para tocar metal. No la vas a coger. No vas desperdiciar tu talento en esa música que es sólo gritería y ruido. Eso no es música, Ringo. No lo es . . . (*Grita. Regañándolo.*) ¡Ringo! ¡Ringo!

El PERRO *ladra insistentemente.*

8 – El nudo

La carnicería. Los mismos pedazos de puerco guindados del techo. La MUJER *con su delantal ensangrentado pica pedazos de carne. Llega el* JOHNY, *está ante el mostrador muy agitado . . .*

MUJER. Sepa que no voy a llamarle a Juan Alberto. Él no está para esas cosas.

JOHNY. Necesito hablar con él urgente.

MUJER. Pero, ¿usted no oyó? No está . . .

JOHNY (*entra. Grita*). Carnicero . . .

MUJER. Pero qué impertinente es usted.

JOHNY (*grita*). Carnicero, quiero hablar contigo ahora mismo . . .

CARNICERO (*sale con su delantal ensangrentado y un cuchillo en la mano*). ¿No te dije que nunca mas te aparecieras por mi casa?

MUJER. Le dije que no podías atenderlo. Se lo dije y no me hizo caso.

CARNICERO (*mirándola. Al* JOHNY). Habla rápido . . .

MUJER. Sigue tú con esas tonterías . . . Papá se va a molestar porque él solo no puede con los puercos. El trabajo es el trabajo. Si sigues con esa tontería te va a sacar del negocio y va a meter a Leoncio. Y si mete a mi cuñado nos vamos a comer las uñas. Y si nos comemos las uñas . . .

JOHNY. El Leader va a ir . . .

CARNICERO. ¡¿El Leader?! ¡Qué milagro porque ése piensa que tiene a Dios cogido por las barbas!

JOHNY (*pausa*). Bueno, en realidad . . . En realidad está enfermo.

CARNICERO. ¡¿Enfermo?!

JOHNY. Enfermo. ¡Un derrame cerebral, brother!

CARNICERO. ¡Mierda! Nunca Los Beatles iban a ser de nuevo ellos, sin Lennon. Y Los Cruzados tampoco lo serán sin El Leader.

MUJER. Entonces, ¿no van a tocar? Es lo mejor que puede pasar.

JOHNY. El Leader puede . . . Él dijo que iba a tocar. Aunque esté así va a tocar.

CARNICERO. Mary Carmen, ¿quisieras callarte? (*Pausa.*) ¿Y El Escorpión?

JOHNY. No le interesa nada. Para él Los Cruzados fueron una mierda.

CARNICERO. No lo fueron.

MUJER. Nunca los vi por la televisión y si no los pusieron por la televisión es verdad que no servían.

CARNICERO. ¿Vas a callarte? Cantamos en la radio. ¿Verdad, Johny? No sabes nada, Mary Carmen. Ni tampoco El Escorpión. No puedes comprender. Sólo te importa el jodido dinero.

MUJER. Porque sin dinero no se puede vivir. ¿O es que quieres volver a pasar las mismas necesidades? ¿Es eso lo que quieres? Yo no quiero acordarme de eso. Suerte fue papá que nos salvo la campana. Y eso tenemos que agradecérselo. Se lo tienes que agradecer, sobre todo tú que siempre fuiste un arrastrado . . . ¡Aunque fueras un licenciado!

CARNICERO. Ojalá no existiera el dinero. ¡Ojalá! (*Pausa. Afila el cuchillo.*) Si El Escorpión no se interesa por Los Cruzados, que vaya a la mierda. (*Pausa.*) ¿Qué hace ahora?

JOHNY. No sé, pero parece que algo importante. (*Pausa.*) Pero vamos a unirnos nosotros dos solos y cantar, brother.

CARNICERO. Mary Carmen, vete para adentro . . . ¡Dale!

Pausa. La MUJER *hace como que se va, pero se queda en la puerta.*

¿Tú piensas que uno puede olvidar, Johny? Olvidar como sino hubiera sucedido nada. Quiero que sepas que llegó un momento de mi vida en que no me importaba escuchar las canciones por las que hubiera dado la vida. Más bien las odiaba. Hasta a Los Beatles los odié como si ellos fueran los culpables de que me hubieran mandado a la UMAP.

MUJER. ¿Cómo? ¿Qué tú dijiste? ¿Tú estuviste en la UMAP? No, no lo puedo creer. Ahora sí tú me has dejado pasmada. Nunca me dijiste nada. Pero para allá mandaban a los pájaros para que se regeneraran trabajando . . . No me vayas a decir ahora que . . .

CARNICERO. Para allá también mandaban a los desviados ideológicos, y a los bitongos, Mary Carmen.

JOHNY. Lo siento.

CARNICERO. ¡¿Ahora?!

JOHNY. ¿Qué podía haber hecho yo? Sólo intenté escapar como todos. Tenía mucho miedo, Juan Alberto. Por favor. Olvidemos todo lo que pasó. Lo necesito. Necesito terminar aquel concierto . . .

CARNICERO. Pero esos ya no serán Los Cruzados.

JOHNY. Pero Lennon y Harrison cantaron de nuevos juntos. Los Beatles volvieron a cantar por separado.

CARNICERO. No fue eso lo que pensé. No es eso lo que querías. Eso no es Los Beatles. No es Los Cruzados. La realidad nos pasó la cuenta, el Johny.

JOHNY. Pero lo tenemos que hacer para quedar bien con nosotros mismos. Recuerda que te tengo una sorpresa especial, brother. Una sorpresa que te gustará mucho. Es algo único. Algo sensacional. No puedes dejarme solo. No podemos hacerle eso al Leader. Nunca lo olvidarás. No podemos. ¿Te espero mañana? Dime que sí, Harrison.

MUJER. ¿Ahora se llama Harrison . . . ? ¿Pero qué se piensa este hombre? ¿Por qué dejas que te digan nombretes, Juan Alberto?

SUEGRO (*sale*). Arriba, Carnicero, acaba de hablar con ese hombre y vamos a trabajar. Hay un puerco sofocado por el calor y hay que echarle un poco de agua encima a ver si llega a mañana. Dale, anda que yo solo no puedo . . .

MUJER (*al* SUEGRO). Se lo dije. Le dije que te ibas a molestar. (*Al* CARNICERO.) ¿Pero que te está pasando? Ya no te conozco. Es como si fueras otro después que (*al* JOHNY) se apareció usted en mi casa. No duerme, se despierta por las madrugadas. Habla solo. Y ahora resulta que me entero después de tanto tiempo que mi marido estuvo en la UMAP.

SUEGRO. ¡¿En la UMAP?! ¡¿Estuviste en la UMAP?! ¿Y eso por qué? ¿Y por qué nunca dijiste nada? Oye, yo a ti te he dado confianza . . .

CARNICERO (*a la* MUJER). ¿No vas a callarte? (*Pausa.*) Quiero que te calles. Al menos cuando estoy hablando de algo que . . . Quise mucho en mi vida.

JOHNY (*casi en una suplica*). Te voy a esperar, brother.

CARNICERO. No sé, no sé si podré.

MUJER. Él no va a ir a ningún lado, porque no voy a dejarte, Juan Alberto. Te lo prometo. Tu vida son los puercos . . .

JOHNY. Tiene que ser mañana porque si no . . . Es la única manera de que todo salga . . . Bueno, que podamos hacer algo de lo que quería. No te puedo decir por qué, pero tiene que ser mañana. ¡Mañana!

El SUEGRO *pone un cuchillo en la mano del* CARNICERO *que lo toma de mala gana. Todos salen a sus puestos.*

MUJER. No eres músico. No lo eres . . .

Se escucha el grito de un puerco apuñalado, como una letanía . . .

9 – El concierto

The Cavern. El JOHNY *ensaya 'Nowhere Man', muy alterado, sin dejar de mirar para afuera.* EL LEADER *está sentado en su sillón junto a* MACHUCHA. *La* MADRE *está parada junto a la puerta impaciente. Entra el* CARNICERO, *con recelo. Descubre al* LEADER. *El* JOHNY *deja de ensayar. Se miran. Se miran los tres.* EL LEADER *hace un gesto cuando ve a el* CARNICERO *que se acerca al* LEADER. *Se detiene ante él. Pausa larga en que lo mira fijamente con una mezcla de odio y compasión.* MACHUCHA *mira al* CARNICERO *con recelo. El* CARNICERO *vuelve a mirar al* JOHNY. *Hay una extraña complicidad entre ellos. El* CARNICERO *extiende la mano hacia el hombro del* LEADER, *como para tocarlo, en un gesto de apoyo pero definitivamente, no lo hace, vuelve la espalda. Y se acerca lentamente a donde está el* JOHNY . . . *El* PADRE *entra.*

PADRE. ¿Cuándo se va acabar esto? ¿No vas a dejar de ensayar? La gente ha mirado todo el día para acá. Algunos han preguntado qué pasa. Están llamando la atención. Lo sé. Empieza y acaba con esta pesadilla, Manuel.

MADRE. Se lo he dicho miles de veces . . .

JOHNY (*a los demás*). ¿Listos?

El CARNICERO *afirma. El* PADRE *va a salir.*

¿No vas a escuchar?

PADRE. No quiero saber nada. (*Sale.*)

JOHNY. Pues llegó el gran momento, brótheres. Las canciones que dedicaremos a la memoria de nuestro grupo. ¡Quien no recuerda a los sesenta fue porque no los vivió! Nosotros existimos. Toda mi vida he esperado este momento, John. He querido este sueño que nos prometimos, brótheres. Que si un día Los Beatles vinieran a La Habana, tendríamos que cantarles. Que nos hayan olvidado, que hayan olvidado ese recuerdo no es un motivo para olvidar. (*A* LENNON.) ¿Que te mataron? Maldito el que lo hizo. Maldito Mark Chapman que te disparó. Maldito Dakota que te vio caer con cuatro disparos. ¿Que estás muerto? Lo serías para tu familia, pero no para los que seguimos esperando un milagro que te hiciera resucitar. Para nosotros tú estás vivo, John Lennon. Para nosotros no eres una estatua sentada en el parque. Es la resurrección. Es Lennon que se encuentra con nosotros, que nos visita y nos oye cantar aquí en The Cavern. Adelante, Lennon, siéntate en la mesa . . .

El JOHNY *saca a* LENNON *y lo sienta a la mesa. Todos se admiran.*

CARNICERO (*lo toca, lo acaricia*). ¡¿Lennon?! ¿Es Lennon? ¿¡Es maravilloso! (*Lo abraza.*) Nunca pensé verte delante de mí. (*Transición.*) ¿Te robaste a Lennon? ¿Fuiste tú?

JOHNY. Ésta es la visita, la sorpresa que les tenía preparada para Los Cruzados donde quiera que se encuentren, renegados o no . . .

CARNICERO. ¿Tú estás loco?

MACHUCHA. Esto es muy grave, muy grave . . .

JOHNY. Cumplo la promesa que nos hicimos. Después lo devolveré . . .

CARNICERO. No puedes estar bien de la cabeza. ¿Cómo te atreviste a hacer eso? Deben estar buscándolo. Hasta el mismo Escorpión debe haberse dado cuenta. No has cambiado, Johny. Primero me engañas con que El Leader iba a tocar. Y El Leader . . . ¡Mierda! Y ahora esto. Eres el mismo. El que me embarcó con sus locuras. No tocaré . . .

MADRE. Lo dije . . .

MACHUCHA. Y yo me llevo a mi hijo. Me lo llevo ahora mismo de este lugar.

JOHNY. No pueden hacerme eso . . .

MACHUCHA (*agarrando el sillón de ruedas*). ¡¿No?! Vamos, Alfredo . . .

JOHNY. Espere: no sucederá nada . . .

MACHUCHA. Sucederá . . . Tan irresponsable como siempre . . . (*Va a salir con el sillón.*)

JOHNY. Éste es un secreto nuestro . . .

CARNICERO. No quiero tener un secreto como éste . . . (*Empieza a recoger sus cosas.*) Esto es un problema muy serio. Ya no soy un muchacho, el Johny. Y cuando muchacho me hicieron algo que me ha dolido siempre. ¡Mucho! Algo que me despierta a veces en la madrugada, algo que he guardado como un secreto para mi gente. Y donde yo fui el más jodido.

JOHNY. Todos lo fuimos.

CARNICERO. No, el Johny. A mí nadie pudo resolverme un certificado médico. A mí nadie me tiró una ayuda. A mí Eladio me hizo talco. Me hizo lo que no les pudo hacer a ustedes. Y por eso siempre me evitaron y yo tampoco los quise ver más. Sólo quería olvidar, olvidar, pero nunca pude, el Johny. ¿Pero qué fue lo que hice distinto a los demás? ¡Nada! ¿Entonces . . . ? No, el Johny, yo no puedo envolverme en algo así. Ese Lennon tiene que estar en el parque . . .

JOHNY. Entiendan: ya están aquí, brótheres. No van a irse. El concierto tiene que darse. He ensayado toda la tarde. Lennon no se ha molestado conmigo. Díselo. Explíqueles que quieres estar en el concierto. El no dirá donde estuvo. Díselo John. Dile que has estado en La Bodeguita del Medio. En el Morro. Diles que te has sentado en el Malecón. Él quiere oírnos. Quiere oírnos a Los Cruzados para que acabemos el concierto que no terminamos . . .

MACHUCHA. Buenas tardes, quedan en su casa . . .

MACHUCHA *sale con* EL LEADER.

MADRE. Lo adivinaba. Sabía que esto iba a pasar . . . ¿Y ahora que pasará?

PADRE (*entra*). ¿Terminaron?

MADRE. No quieren cantar para el Lennon robado.

PADRE. Vendrá la policía.

JOHNY. Por favor, El Zombi, no te vayas . . .

CARNICERO. No me digas El Zombi. Vine a tocar, pero comprometerme con esto no. De verdad que no.

JOHNY. Somos los únicos de Los Cruzados que podemos hacerlo, brother.

CARNICERO. No lo haré.

JOHNY. En dos horas todo habrá terminado y habremos cumplido nuestro sueño.

CARNICERO. A la mierda tu sueño, Johny. A la mierda, oíste. (*Sale.*)

MADRE. Lo sabía. Te quedaste solo. Nadie ha acompañado tu locura.

PADRE. Sacaré el auto para que lo devuelvas.

JOHNY. Cantaré solo para ti, John.

PADRE. No insistas, Manuel.

MADRE. ¿Has enloquecido?

JOHNY. Déjenme solo . . .

MADRE. Dile que te devuelva, John. Ayuda, Lennon . . .

PADRE. ¿También tú vas a hablar con la estatua?

JOHNY. ¿Traicionar a Lennon? ¿Traicionarme? (*Pausa.*) ¿Se quedan y escuchan? ¿O se van?

PADRE. Haz lo que quieras, Manuel. (*Sale.*)

La MADRE *en silencio, se queda . . . Lo acompaña.*

JOHNY. A tu memoria, John, brother. A la memoria de Los Beatles. A la memoria de Los Cruzados y de aquel concierto que no terminamos. A la memoria de todos los que te amaron. A la memoria de los que persistieron en ese amor ante todas las adversidades. A la memoria de los que sufrieron. A la memoria de los que te recordaron en los programas de radio en Cuba. A los que te dedicaron conciertos. A los que con sus escritos los recordaron. Al Zombi, al Leader . . . ¡A todos . . . !

PADRE (*entra*). Hay un montón de gente extraña allá afuera.

MADRE. ¿Dónde?

PADRE. En la calle . . .

MADRE. No puedo resistir esto. ¿No oyes, Manuel? ¿Y si es la policía la que está afuera? No toques, Manuel . . .

El JOHNY *no obedece.*

PADRE. No te atrevas.

JOHNY. No soy un loco, no lo soy.

MADRE. No lo hagas . . .

El JOHNY *canta. Es conmovedora su interpretación de 'Nowhere Man'. Es toda la memoria que se escabulle en su interpretación. Obsesionado. Se escuchan las sirenas de la policía. Un perro ladra insistentemente. El* JOHNY *sigue tocando . . . Golpean con fuerza la puerta. Un foco de luz azul entra y lo baña todo.*

(*A la luz.*) Él iba a devolverlo. Él iba . . .

El JOHNY *no deja de tocar.*

No se lo robó. Él vino a visitarnos. Él lo hizó. Pregúnteselo a John. Pregúnteselo, policía . . . Dilo, John Lennon. Él comió con nosotros. Él compartió con nosotros. Dilo, John. Dilo, John Lennon.

La luz azul gira intermitente. De pronto se escucha una canción lejana. JOHN LENNON *está cantando en alguna parte. Todos buscan de dónde viene. Una luz brota de la estatua.* LENNON *se levanta de la silla, aplaude . . . Sale caminando, aplaudiendo . . . Sale. Todos lo miran admirado como* LENNON *pierde por la calle, a lo lejos . . . Nadie sabe que hacer, ni la luz. La música llena todo. Los ensordece . . .*

Telón.